マンガでわかる
こんなに危ない!?消費増税
「女子高生あさみちゃんが増税を凍結させる!?」
消費増税反対botちゃん 著
藤井聡 解説
JN228315

# もくじ

# 第1話

# 高橋さんは消費税凍結を安倍総理に直談判したい!

## の巻

私立Z学園
東京都内某所に存在する超名門高校
この学校には大企業の御曹司政治家の３世４世
高級官僚の父を持つ子供たち
マスコミ大手の子息
もちろん海外からも多くの優秀な生徒が集まる
いわばスーパー・グローバル・エリート高校だ

そんな
学校にも
僕のような
平凡な人間は
存在してる
僕の名前は
アベ晋太郎
しんたろう
地方公務員の
父と母を持つ
高校1年生
成績は
中の下
まさに
THE・凡人
である

NEWS
安倍首相
消費税上げに
「引き向けて」
今年の
10月には
消費税率
10%か…
…!
ふと顔を
上げると

同じクラスの
高橋(たかはし)あさみ
さんが
じっと
こっちを
見ながら
立っていた…

すー…

アべくーーーーん!!!!!
!?

ダンッ
!!!
走った!?
バッ!!
翔んだ!!!
ア
べ
くーん!!!
オオ
オオ
うわあああああ!!!

お願い
アベくん!!!
バァァ
消費税を
上げるのは
やめてええ
ええええ
!!!!
ァァン

…
え…!?

高橋さん…あの…渾身の土下座の後で申し訳ないのだけれど…
それ…僕に言われても…

…え…？
だって…

アベくんって安倍総理の…？
あ！ごめん！全然違うんだ!!
確かに下の名前も似てるけど全然関係ないどこにでもいる普通のアベだよ！

…

マジかよ…
なんかほんとごめん!!!

うーんもしかしたら安倍総理にも直接会えるかなとも思ったのに…
そんなに安倍総理に会いたいの？

うん！
私ね！
安倍総理に
直接
「消費税の
10％への
増税はやめて
くださいっ」て
お願いするの！

消費税
の…!?
でも
それってもう
決まってて
るんじゃ…

ううん！
まだ
間に合うの！
みんなで力を
合わせれば！

そうだ！
アベくんも
消費増税撤廃の
署名活動手伝って
くれない!?
結構いい
ペースで
集まってるよ！
そんなに!?
うん！

昨日からはじめて3筆！
私とお母さんと妹！
身近！
始めたばっかじゃん！
消費増税の撤廃を求める署名!!
バァァァン
3筆!!

じゃあアベくんが4人目だね！
はいペン！
え!? ええ～!?
いや…署名くらい全然いいけど…
へへ
やった♡
消費増税の撤廃を求める

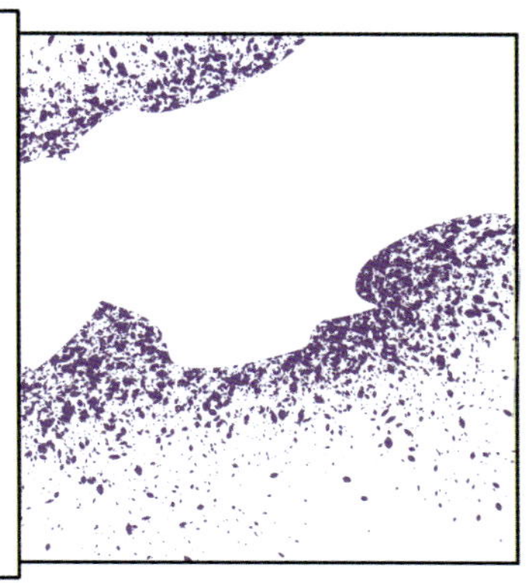

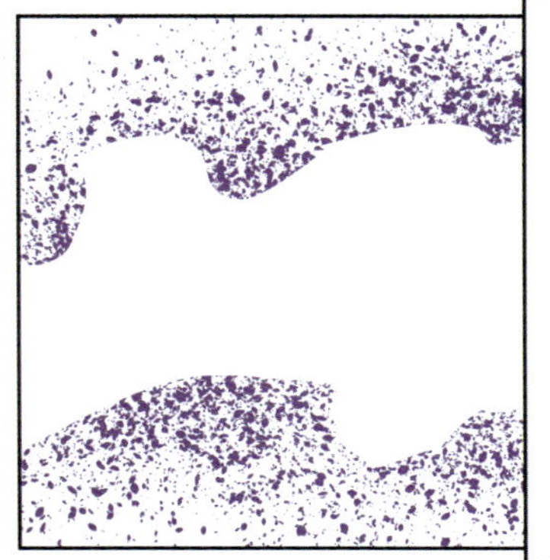

高橋さんはどうしてそこまで消費税にこだわるのだろう…？

なんだなんだぁ!?
!!
校内で消費増税撤廃の署名活動だぁ〜!?
学校の中で何をやっておるんだまったく!!

この人は…!

中谷権三(51)東京都教育委員会教育長を6期18年も務める教育のプロ
父は元文部科学省の役人でバリバリの教育畑の家庭だ!

お前ら
名前と学年クラスは?

い…1年4組のアベです…
同じく高橋であります!

4組!?
お前より上じゃねえか!

…
1年5組
中谷元気(なかたにげんき)

あ元気…!
私立Z学園では――

クラスは各学年
5クラスに分かれ
クラスごとに
フロアが違う
上の
フロアには
下のクラスの
人間は絶対に
入れない

最弱クラスの
5組は肩身が
狭く
最強クラスの
1組αは
東大法学部
東大医学部に
現役合格確実の
生徒が集められ
さらなる
エリート教育が
施される
世界のトップ校
ハーバード大学や
オックスフォードに
入る学生も多い

私立Z学園の校長
フィリップ後藤（ごとう）

元気
お前がしっかり
止めなきゃ
だめじゃないか
消費税増税
反対運動
なんて！
はい
すいません

いいか
君
消費税を2％
上げるのは
日本国家が
これから発展
してゆくための
マストな選択
なんだよ
ズオォオオ
わかる？

ボケー…
って
聞いてる
のか!?

は！すいません
どうやったら
消費増税を
止められるかなあ
って考えてました!!
1ミリも
届いて
ない!!!

とにかく
日本のトップが
決めたことに
間違いは
ないんだよ！
わかったら
遊びは
おしまいだ！

…いこっか
高橋さん

くくく
若い時から
しっかりと
芽を摘んどか
ないとなぁ
あんな
反乱分子は！

…じゃぁ

間違いが見つかったら？

!!?

本当に消費税の増税は正しいのかしら？
高橋さん…？

あぁ!?
教育長の立場から
そして高齢者福祉の立場からも消費税増税の論拠に穴なんかないわい!!

なら戦いましょう!

「増税」か
!?
「撤廃」かを賭けて!!

私が勝ったらあなたはここに署名をしてね!

そして私はたくさんの署名を持って

安倍総理に会いに行くの

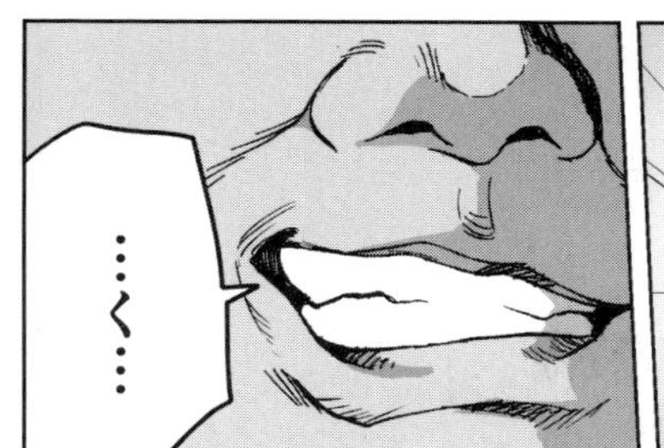

…く…

ぐわ――っはっはっは!!!!
小娘が大それたことを！

いいだろう！かかってこい！
身の程を教えてやる！

# 第2話

# 男・ゴンゾー!
# 教育長の意地を見せられるか?
# そしてあさみちゃんは
# 闘いのゴングを鳴らす!

の巻

…さて
いっちょ
やりますか!
パン!
あれ!?
そういう
戦い!?

アベくん
私が求めて
いるのは
血と肉の
ぶつかり
合いよ!
消費税の
撤廃
でしょ!?

消費増税
撤廃ねえ…
そんなことを
言い出す
くらいだから
おそらく
わかってないいん
だろうねえ

「日本の借金」
の深刻さをね
ハア…

「日本の借金」…!

だよなぁ元気!
…ああ

…悪いなアベ高橋
オレも財政の健全化のために消費増税に賛成だ

気にするなよ元気

日本はね40年前から国の赤字がドンドン膨らんじゃったのよ!バブルがはじけて!
その金額がたまりにたまって今はなんと国債残高(借金)が1000兆円超え

-900万
-900万
-900万
そう…日本人は一人当たり約900万の借金という計算になる

消費税は景気に左右される収入に応じて払う所得税と
会社が払う法人税よりも安定して毎年入ってくるもんだから安全なんだ

そうそう！
ここで2％消費税を上げておけばばっちり安定した財源になるってわけよ！

はい以上おしまいだなこれで!!
これくらいの常識は身に付けてから反対するんだな！
うわっはっはっ!!!

ドッ

…え…!?

チーーン
でたよ
いきなり…
高橋さん!?
それ
ほんっっっっとに
最悪なやつ…!

騙されないで
アベくん…!
「国の借金」も…
「国民
一人当たり
○百万円」
という表現も…

全部悪質なプロパガンダ!!!
「増税」のための悪質な印象操作よ!!!
バァアアン
な…なんだってえええ!!!?

プロパガンダ(特定の考えを押し付けるための政治的宣伝行為)だと!?
そこまで言うか!!
一体何を根拠に!!

ではまず…あなたは今「国の借金」を強調しました
けど…

では「資産」は？

…は？

普通の家庭でいえば例えばおうちみたいなマンションとか株券とか金の延べ棒とか現金とかのことです
…！

資産を差し引かないとこのお話自体が成り立たないんですけど！
な…な…な…？

それで！資産は一体いくらなんですか!?権三……いや！
ごんさん!!!
ごんさん!?

お伝えしましょう！
この国の資産はなんと約1000兆円!!
なんと日本は世界一の対外純資産の保有国なのです！

ええええぇー‼‼

そうなの!!?

…え？

あ…いや
違うんだ！
なんでもない！
こっちを見るな！
バカ！

バカて!!

これはIMF（国際通貨基金）という国連組織が発表したデータよ
今IMFに加盟している189カ国は国のお金を黒字部門と赤字部門に分けるようにしてるの
各国公的部門のバランスシート
（GDP比率）
総非金融資産
金融資産
年金以外の債務
年金債務
純資産
750
500
250
0
-250
-550
ドイツ
アメリカ
ブラジル
ウガンダ
日本
ケニア
インド
グアテマラ
フィンランド
タンザニア
アルバニア
カナダ
コロンビア
チュニジア
トルコ
ジョージア
ニュージーランド
インドネシア
韓国
南アフリカ
ペルー
オーストラリア
カザフスタン
ロシア
これを「バランスシート」といいます！

日本は確かに負債も多いけど…
金融資産と非金融資産がほとんど同じぐらいあるじゃん!!
資産
負債
金融資産
総非金融資産
年金債務
年金以外の債務
バン!!

財務省のホームページ『副大臣がお答えします』コーナーには
年金積立金等で121兆円
道路堤防等が130兆円
外貨証券等で221兆円
大学などの出資金で58兆円
含めて合計647兆円!
これだけの資産があるとはっきり書いてあります!

それだと今の日本ってこんな感じじゃない?
借金つらい…
金ない…
あれ…?なんかちょっとイラッとする…!

そうか
資産が…！
ぐぬぬ…！

つまり！
日本の政治家や
お役人さんは
この30年で
赤字も
増やしたけど
資産も着々と
増やしていたと
いうことね

なのに
お役所や
政府が
赤字ばかりを
強調するのは
おかしいんじゃ
ないかしら
ふざけた
ことを
いうな!!
それが
どうした!!!

あぁ
確かに
借金と資産は
棒引きかも
しれんわな
しかし！
どうせ
資産とか
言っても
売れない
道路とか橋とかで
意味なんか
あるものか!!

アメリカの
国債だって
売ったら
大変なことに…
ブツブツ
ん…？

よく聞いたら
やはり国の借金は
それでもまだ
400兆円近くも
あるじゃないか!!!!

やっぱり
日本は
まだまだ
赤字なんだ!!
やはり
増税は必要
なんだ!
どうだ!!
父さん…

…そもそも
なんだけど…

この日本に…
借金の問題なんて本当に存在するのかしら…？

な…なに!!?
何を根拠にそんな寝ぼけたことを！

まず借金借金って言うけど…
誰が誰から借りていると思う？
え!?

えっと…
元気！答えろ！
え！オレ!?
この人ほんとはなんも知らないんじゃ…

「国の」っていうからにはやっぱ外国じゃないの…？
借りてるのは日本国民…？
そう思うのも無理ないよねあんな言い方されちゃ

でも違うんだよ元気くん!!

いいかあさみ

これが「日本の借金」の正体だ
日本は本当は健全な財政の国なんだ

だから一般の国民が苦しむ消費税はそう簡単にあげちゃいけない

これを見て！
日本の国債所有者別内訳のグラフです！（2018年6月末）
非金融法人企業 0.82％
家計・NPO 1.26％
海外 6.16％
その他金融機関 2.38％
預金取扱機関 15.92％
保険年金基金 23.78％
日本銀行 44.71％
社会保障基金 4.96％
バン

つまりこれは「政府」の借金です
このグラフは「政府」がどこから借金してるかを示しています

日本銀行 44.71％
日銀でかくない!?
ドン

そう！ただここで重要なのは
日銀というのは政府の子会社だということです！

つまり
日銀と政府は
一体のもので
あり
正しくは
これは借金に
ならないのです！
なにいい
いいいぃぃ
!!?
それだと
半分消える
じゃん！

政府と
中央銀行の
お金の貸し借りは
右手から
左手にお金を
移動するような
もの
日銀を借金に
計上するのは
借金を大きく
見せるためとしか
思えません！

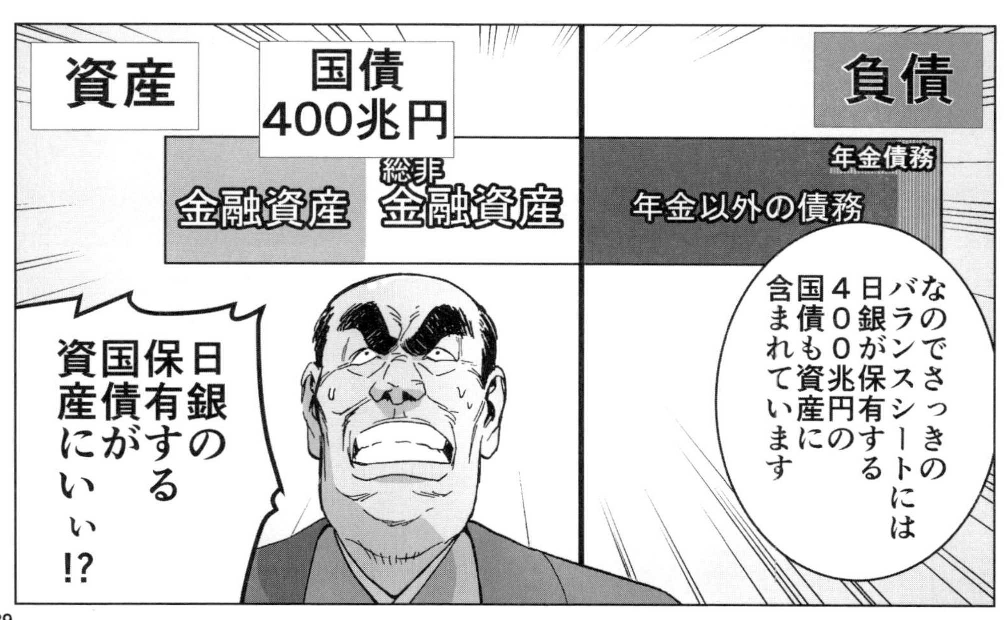
資産
国債
400兆円
負債
年金債務
金融資産
非金融資産
総
年金以外の債務
なのでさっきの
バランスシートには
日銀が保有する
400兆円の
国債も資産に
含まれています
日銀の
保有する
国債が
資産にいぃぃ
!?

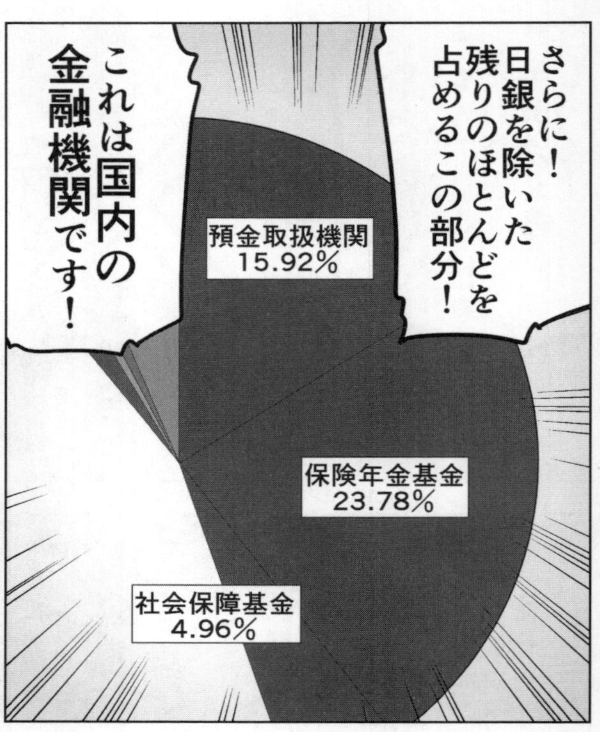
さらに！
日銀を除いた
残りのほとんどを
占めるこの部分！
これは国内の
金融機関です！
預金取扱機関
15.92％
保険年金基金
23.78％
社会保障基金
4.96％

ここに
あるのは
国民が預けた
お金！
つまり「政府」が
借りてるお金の
大半は「国民」の
お金だと
いうことなの！
○○銀行
△△金庫
□□保険

な…なん
だと⁉
じゃあ
「国民一人
あたりの
借金」という
表現は…⁉

もちろん
真っ赤な嘘！

自分がお金を
借りてるのに
相手に借金が
増えたって
言う人
やばい人じゃ
ない⁉
お前から1万円
借りたから
あとで1万円
返せよ
…⁉
確かに！
でもそれを
やってるの！

これらを隠して「国の借金」という曖昧な言葉を強調し
政府の借金を国民にすり替えるやり口…！

資産は伝えず借金は水増し
これが消費増税という結論へ扇動するためのプロパガンダでなくして一体なんだと言うの!!!

…

ま…

マジかよ…！
もうこの人の負けじゃん…！

…じゃ俺たち…ずっと騙されてたのかよ…

でもそれとは関係なしに消費税を上げること自体は悪くないと思うんだが…
上がってもまだ10％だし…

※（公表を始めたのは小泉内閣の2004年から）

これが10％になったら比率は36・7％にもなるの

ええ！？そこは比率も８％とか５％でしょ？比率おかしくない？
それだけ、ガッチリ徴収しているということだと思うけど
これだともう８％消費税の時点で、税率25％の消費税大国スウェーデンとかとほとんど同じ比率になってるんだね
消費税
消費税
日本
スウェーデン
これ以上消費税上げたら普通暴動起きるレベルだよね
知っておいて欲しいけれども消費税って本当に不平等よ！

※実際大手自動車会社はほとんど消費税を納めたことがないという話もある

…!!

残念ながらこの勝負…
あなたの負けです

ゴンさん
権三だっつの

…知らん…
わしはそんなの知らんぞ
日本の借金が間違いだと…?

じゃあわしが知っていた情報は一体…
…父さん…!

…まったく…
だらしないなぁ教育委員会のトップともあろうものが
!!

ザザッ
パンパン
!!
この人は…!!
希望原進(56)
マスコミ大手新聞社
お大名新聞社社長

東京大学経済学部出身のバリバリの増税論者だそうだよ…!
アベくん詳しいんだね!
お前ってそういうの好きだよな…

あゆみ
デマに踊らされているあのかわいそうな情弱な子たちに
消費増税の正しい知識を教えてあげなさい
わかりました
お父様
3年4組
希望原あゆみ

3年生!!

# 第3話

## 対決!
## マスコミ大手お大名新聞社長
## 娘もS女で
## あさみちゃん大ピ〜ンチ!!
## の巻

ドン
きれいな人だな…

ねえアベくん
その状況で話しかける相手こっち!?

なんでこんな朝早くに子供にくっついて親までみんな学校来てるの？
ええ…!? さあ～…
あまり気にしないほうがいいんじゃない…？
消費税ならもう10月に上がることが決まっているでしょ？
あなたがやっていることは無駄な
あがき
これ以上邪魔をするなら…

そしてこれが現在の安倍政権の成果!

## 数字で見るアベノミクスの進捗状況

### 経済再生・デフレ脱却

|  |  |  |
|---|---|---|
| 名目GDP | 政権交代前 493兆円 | 安倍政権で 551兆円 政権交代前と比べ11.7%成長し、過去最高 |
| 株価 | 前政権時 8,664円 | (H30.04.26) 22,319円 |
| 女性の就職者数 | 安倍政権で201万人増 | |
| 有効求人倍率 | 政権交代前 0.83倍 | 安倍政権で 1.59倍 約44年ぶり高水準 |
| 正社員求人倍率 | 政権交代前 0.58倍 | 安倍政権で 1.08倍 正社員雇用は政権交代前から78万人増 |
| 雇用 | 安倍政権で251万人増 ○高卒・大卒の就職内定率は過去最高水準 ○最低賃金は5年連続で大幅に引き上げ | |
| 起業の経営利益 | 政権交代前 50兆円 | 安倍政権で 81兆円 過去最高水準 |

### 国民の大切な年金の運用益大幅増

|  |  |
|---|---|
| 公的年金運用益 | 安倍政権で56.5兆円増 |
| 公的年金運用益 | 安倍政権で29兆円増 |

### 景気回復で財政健全化

|  |  |  |
|---|---|---|
| 国・地方税収合計 | 政権交代前【2012年度】 78.7兆円 | 安倍政権(2018年度) 102.5兆円 |

### 地方再生「観光立国」「農政新時代」

|  |  |  |
|---|---|---|
| 外国人旅行者 | 政権交代前 870万人 | 安倍政権で 2,869万人 5年連続過去最高を更新 |
| 外国人旅行者の消費額 | 政権交代前 1.1兆円 | 安倍政権で 4.4兆円 |
| 農林水産物食品輸出額 | 政権交代前 4,497億円 | 安倍政権で 8,071億円 5年連続で過去最高を更新 |

(出典/自由民主党FB投稿)

株価も3倍
GDPも50兆円増え
雇用も250万人増
外国人旅行客も3倍の3000万人よ

国の税収は？
上がっているわよ20兆円以上

ならもう増税しなくても…
ボソ…

キッ
ビク

あなた！ぶたれたいの!!?
こわい!!!
こ!!?

…いやアリかもしれない
ぶつわよ
ドキドキ
元気!?

飲食料品 8%
(食品表示法に規定する食品)

肉・魚・野菜など生鮮食品 8%

清涼飲料 8%
酒 10%

外食 10%
老人ホーム・学校給食 8%
イートイン 10%
テイクアウト 8%

食玩など モノによる
医薬品 医薬部外品 10%
8%
雑誌 10%

今回はこの「軽減税率」まで導入して景気を悪化させない取り組みがちゃんとなされている!!!
だからマスコミだって野党だって国民だって批判しないんじゃないの!!

ふっふっふっ さすが我が娘
フフン

そうだそうだ! やっぱり増税は間違ってなかったんだ!
高橋 アベ このお姉様の言うとおりだ
お前らもう帰れよ!!

高橋さん… 大丈夫かな…

さすがあゆみ先輩！
説明はわかりやすかったです！

でも肝心なところが穴だらけなんですけど！

このチーズのようにね！
ドン
な…!?
この子…！
チーズ要る!?

先輩！「アベノミクス」って「何本の矢」でしたっけ？
…３本よ！

そう！
①「異次元の緩和」
日本銀行がお金を刷って日本国内に今までの2倍以上のお金を流す
②「機動的な財政出動」
日本政府は全国各地が潤うように橋とか空港とかたくさんの公共事業を今まで以上にやる
もぐもぐ
③そうすると日本全国にお金が回ってきて景気が良くなる←
これから成長しそうな観光とかIT産業とかクリーンエネルギーとかの規制をドンドンとなくして新しい仕事を増やしてゆくこれが「新たな成長戦略」

そして最後は景気が上向いて下がらなくなる状態にするのが安倍政権が推し進めた「アベノミクス」の基本戦略よね進さん
景気!!
当たり前のことをいうな！小娘が！

あなたたちマスコミはアベノミクスをどう評価したんです？
第2次安倍政権の時に

…我々はデフレという景気後退がなくなることは歓迎していたが正直半信半疑だったな…

それは誰から話を聞いて？

…!! それは…！

東京大学の経済学者さん？それとも…
もちろん学者からも聞くし経済の専門家も社内にいるからな…！

じゃあその専門家は誰から話を？

そっそれは…
財務省のお役人から聞くしかないだろう！
ネチネチと…！

…ついに
その言葉が
出たね
「財務省」
……!!

説明しよう!
財務省とは日本国政府の毎年の予算を作り各省庁を束ねる日本の役人の最高権力省庁
つまりキング・オブ・省庁!!!
毎年この私立Z学園の卒業生も東大法学部を卒業し入省する財務省は日本政府の予算を作るだけでなく税金を集める国税庁も内部に持っているのだ
予算を握り税金逃れを調べる警察的権利も持つこの省庁

まさに日本国の最優秀頭脳が集っているといえよう!
アベノミクスは基本的には間違ってないし成果も確かにあったと思う…

でも本当は成功なんかしてない!!!
あなたたちマスコミが世論を煽って「消費増税」させたせいでね!
な何をいうか!小娘の分際で!!
どうみても成功してるじゃないの!
ぶつわよ!

高橋さんが攻勢に転じた!!

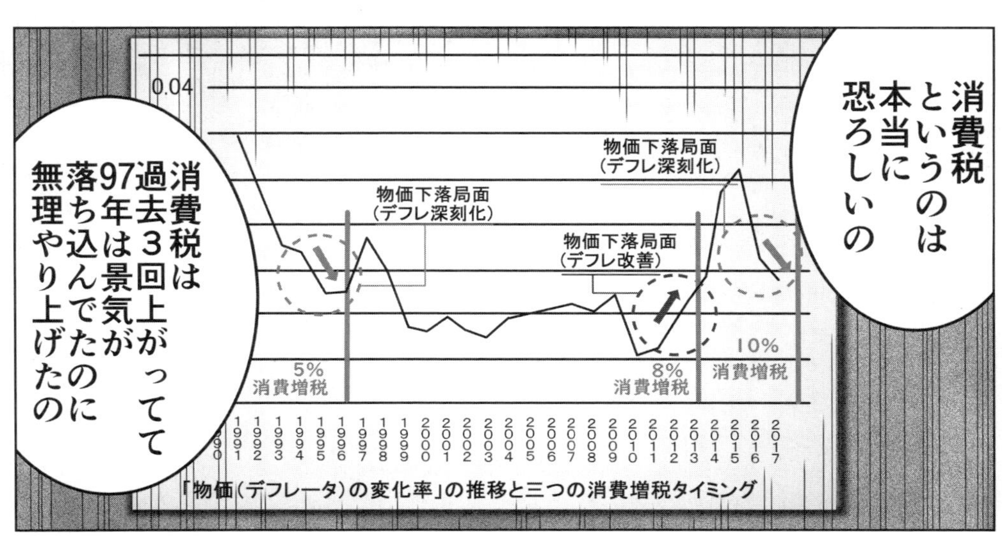
消費税というのは本当に恐ろしいの
消費税は過去3回上がってて97年は景気が落ち込んでたのに無理やり上げたの
0.04
物価下落局面（デフレ深刻化）
物価下落局面（デフレ改善）
物価下落局面（デフレ深刻化）
5%消費増税
8%消費増税
10%消費増税
1990 1991 1992 1993 1994 1995 1996 1997 1998 1999 2000 2001 2002 2003 2004 2005 2006 2007 2008 2009 2010 2011 2012 2013 2014 2015 2016 2017
「物価(デフレータ)の変化率」の推移と三つの消費増税タイミング

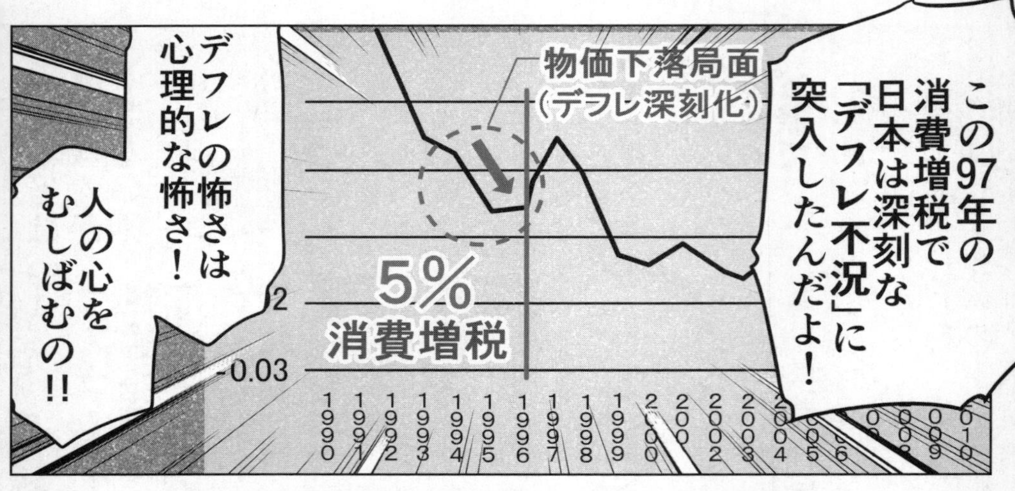
この97年の消費増税で日本は深刻な「デフレ不況」に突入したんだよ！
物価下落局面
（デフレ深刻化）
5％
消費増税
2
-0.03
1990
1991
1992
1993
1994
1995
1996
1997
1998
1999
2000
2002
2003
デフレの怖さは心理的な怖さ！
人の心をむしばむの!!

時の橋本龍太郎総理はその4年後の自民党総裁選で
「私の財政改革は間違っていた」
「これで国民に多大の迷惑をおかけした」
「国民に深くお詫びしたい」
と謝罪したのは覚えてますよねススムさん!!
（私はまだ生まれてないけど…）
むむっ

「デフレ」とは「モノやサービスの価格が下がること」!
だから商品やサービスが購入しやすいのは消費者に歓迎されることでしょう!?
安いのはわるくないよね牛丼とか100均とか
単純にものが安くなるのは別にいいんです

ただ作っている人の「お給料」や「原材料費」が変わってないならね!
!!!

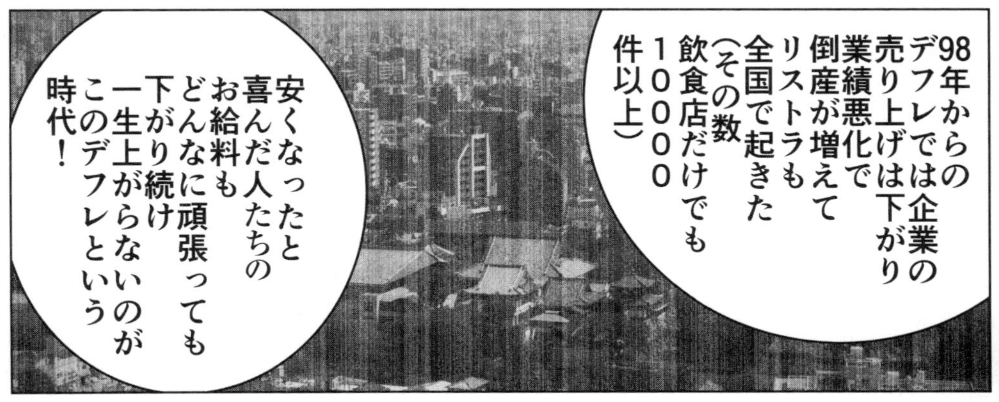
98年からのデフレでは企業の売り上げは下がり業績悪化で倒産が増えてリストラも全国で起きた(その数飲食店だけでも10000件以上)
安くなったと喜んだ人たちのお給料もどんなに頑張っても下がり続け一生上がらないのがこのデフレという時代!

新聞社の社長なら何も悩まないでしょうけどこれだけお給料が下がり続け上がる見込みがなければ誰だって財布の紐もしまってゆくでしょう
97年から現在までサラリーマンのお給料は年間150万円以上下がり
700万
664万円
1997（消費増税）
52
かく～ん
ひぇ～
1988
1990
1992
1994
1996
1998
2000
2002
2004
2006
2008
年は、消費増税の年次である。
厚生労働省　国民生活基礎調査
2014年の8%に上がってからも家計の消費は年間34万円ダダ下がりじゃない
これで本当にアベノミクスが成功してデフレから脱却したと言えるの!!?
369万円
約 34 万減少
335万円
消費増税
2012年
2013年
2014年
2015年
2016 年
2017年
消費増税前後の世帯の消費支出額の推移
総務省統計「帯一か月間の支出（二人以上の世帯）」の各年の「1月
名目消費支額を、同月の消費者物価指数（2017年1月基準）を用い
実質値にいて12ヶ月分の消費に調整した数値。

アベノミクスを主導した浜田宏一先生は２０１４年度の８％増税のあと
２０１６年11月のインタビューで橋龍みたいにこう反省しているの
橋龍って…友達かよ！

「これだけ日本銀行が金融緩和を行ってもデフレになり消費者物価目標も上がらない理由がノーベル経済学者のシムズの論文を読んでわかりました」
「財政赤字を減らそうとして増税をしてはならないむしろ減税すべきだというのです」

あなたたちが財務省の「アメとムチ」でいいなりになってデフレを容認したり日本の借金１０００兆円とか国民の借金とか嘘ばっかり言うからこんなことになったんでしょ！
アメとムチって…？
あえっとね

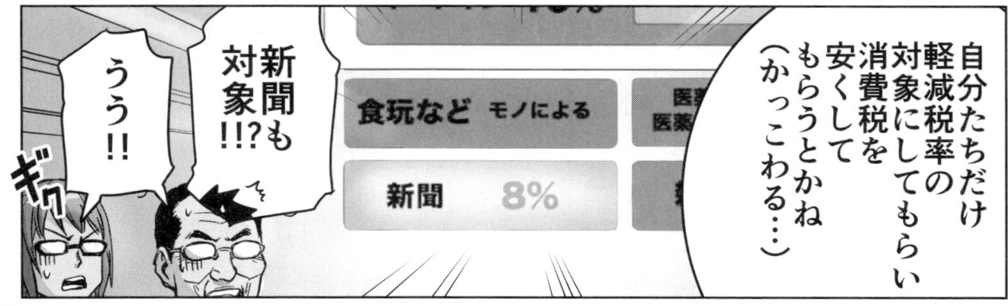
自分たちだけ軽減税率の対象にしてもらい消費税を安くしてもらうとかね（かっこわる…）
新聞も対象!!?
うう!!
ギク
食玩など モノによる
新聞 8%

アメ!
財務省からの天下りを受け入れて系列テレビ局の電波利権を守ってもらう
アメ!
財務省の情報をリークしてスクープをもらう
ムチ!
いうことを聞かなければモチロン国税調査で脱税会社扱い!!
(THE・国家権力!!!)
ムチ!
情報もらえず新聞社の中で仲間外れ
(うーん 恥ずかしいムチ!!)
…とかね!!

あなたたちマスコミの利益なんて一般の人たちには関係ないじゃない!!
何が第4の権力よ!!!
くっ!!!

結局あなたたちマスコミは自分の頭で考えることもせず財務省のコマの一つとして「世論操作」を担当しているロボットみたいなものじゃない!

本当の苦しさとか…国民の
まじめに仕事をしている中小企業が消費税を払えない悲しさとか
お年寄りや生活に困っている人たちとか

10%増税でますます厳しい生活をする人の気持ちを考えず!!
あなたたち新聞・テレビ・マスコミ村の高所得者だけ生き残ればいいと本気で思っているの!!?
どうなんですか!!

だ…！
だからこそ
今回の10％増税には
軽減税率がついていて
食品だって8％に
下がっている
じゃない…!!
他にも
特別減税もやるし
万全の体制で
今回は…

軽減税率で
生み出される
お金は
たった1兆円！
これでは意味が
ないでしょ
特に
いらない
のが新聞!!
あと
新聞と
新聞!!
容赦
なし…！
結局財務省というお金の
金庫番から
「経済成長より借金を
返すのが絶対先だ！」
とたきつけられ
その強烈な念いに
縛られてしまった
可哀そうな存在なのよ
でも今本当に
求められる
「経済成長」は
政府の責任で
やるべきよ！
財務省の
意見だけが
絶対では
ないでしょ！

もっと！日本人の成長する姿を信じて!!
私たちの世代を信じてよ!!
そのために「消費税」という足かせを鎖を重石をどんどん増やさないでちょうだい!!

高橋さん…

ぐぬぬ

確かに我々は財務省に首根っこを握られて情報操作に加担していた…
全マスコミも彼らのことは正直怖い…
え 白状…？

脱税
女性関係
金銭トラブル
彼らは全国に緻密な情報網を持っていてあらゆる情報を収集している…
こわ…!!!

私も浮気の現場を押さえられて…
うう…
ツ
お…お父様…!!?
イチャ
イチャ
しょーもな!!

…これじゃ私も負けを認めるしかないわね…

消費税が君たちの世代や小さな会社を苦しめるのは…
本当は私もイヤなんだぁ!!!!

お父様!!!!
ゴッ
ゴォ!!
ぶたれたあぁぁぁ!!!?

噴水広場で面白いことが起きてるっていうから来てみれば…
ザッ
こんな小娘相手に情けない!
お大名新聞の名が泣くなぁ

経済学者だからってヒョロイと思うなよ!!
バァァァン
次はおれたちだ!かかってこい!!
くるみさわたけし
胡桃沢武(54)
経済学者
3年3組
くるみさわけんた
胡桃沢健太
みんなキャラ濃いな!!

…アベくん今気づいたんだけど…
…え?
これは次から次により強い敵が現れ…その人たちを私が倒していくシステム…?
た…多分そう!!!

# 第4話

# スーパー筋肉・経済学者の高圧説教あさみちゃん! 今度こそ大ピ〜ンチ!

## の巻

ゴゴゴゴゴゴ
やばいよ高橋さん！
こんな人たちに勝てるのかい⁉
経済学者
胡桃沢武(くるみさわたけし)
3年3組
胡桃沢健太(くるみさわけんた)

…パワーではちょっと分が悪いかもね……
ちょっと⁉

脳みそも筋肉でできていることを願いましょ！アベくん！
キラーン
高橋さん⁉

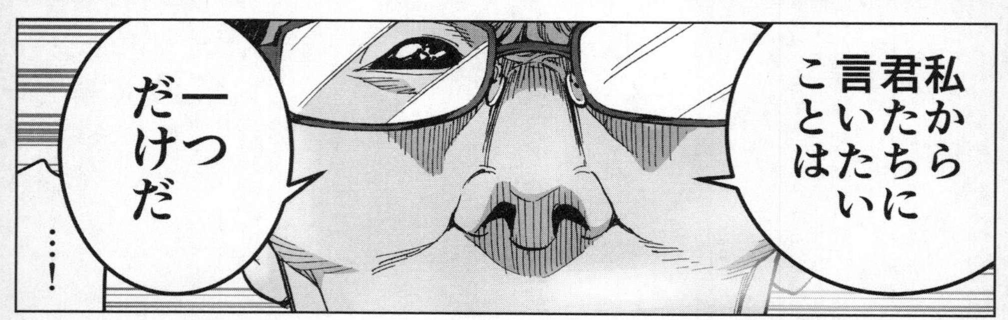
私から君たちに言いたいことは
一つだけだ
…！

消費増税は
正しい
…!!?
君たちは
間違っている!!

そこの君
私が誰だかわかるかね?
あ
はい…!

胡桃沢武(くるみさわたけし)(54)
専門は財政学
公共経済学
政治経済学
経済政策論

私立Z大学
経済学部教授
であり
財務総合政策
税制研究所
特別研究メンバー
日本経済
研究センター
フェロー
社会経済
総合研究会
委員長…

…お前は
ウィ〇ペ
ディアか！
ひっ！
すいません！
カッ

そう！
私は偉い！
権威ある
経済学の
専門家だ！
だがそこの
彼女はどうだ？

1年4組
まだ若く
成績も平凡
何の実績も
あるまい

諸君らに
聞きたい！
私と彼女
どっちの
言っていることが
正しいと思うね？

そりゃあ
普通に考えたら
胡桃沢教授のほうが
正しいに決まってる
だろ…
だよな…
あの子の
言ってることが
おかしいいん
じゃない？

やっぱり
増税したほうが
いいよな…？
こいつは
コロッコロ
と…!!!

そう…
親父は正しい
ざわ ざわ
権威がある
立派だ

オレも将来は
親父のような
立派な
経済学者に
なるんだ

やばいん
じゃない
高橋さん…！
クスッ

みんなホントに権威とかに弱いのね
!!!

私から言わせればそんなもの
何の価値もないですよ！

なんだと貴様!!!
誰に向かってこの私を誰だと…!!

臭うんだよね

財務省の臭いが…!!
ぷ〜ん

あなたが偉かろうがなんだろうが
消費増税は間違っています!!
小娘があぁまだ言うかあああ!!!
ド
ゴォオン
ひいいい噴水が…!

ふーっ!ふー…!
ったく…

そうだな…
では「社会保障」の話をしよう

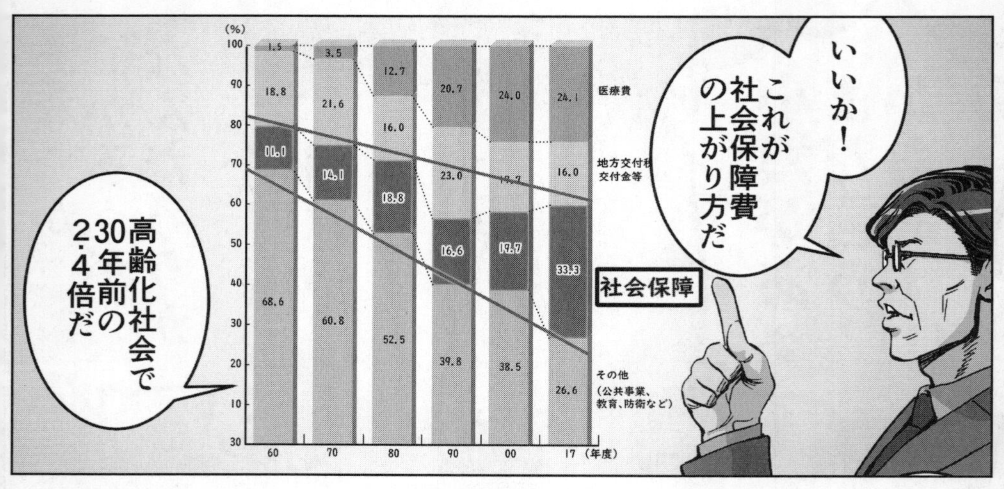

いいか！
これが社会保障費の上がり方だ
高齢化社会で30年前の2.4倍だ
(%)
100
90
80
70
60
50
40
30
20
10
30
1.5
18.8
11.1
68.6
3.5
21.6
14.1
60.8
12.7
16.0
18.8
52.5
20.7
23.0
16.6
39.8
24.0
17.7
19.7
38.5
24.1
16.0
33.3
26.6
医療費
地方交付税
交付金等
社会保障
その他
（公共事業、
教育、防衛など）
60
70
80
90
00
17
（年度）


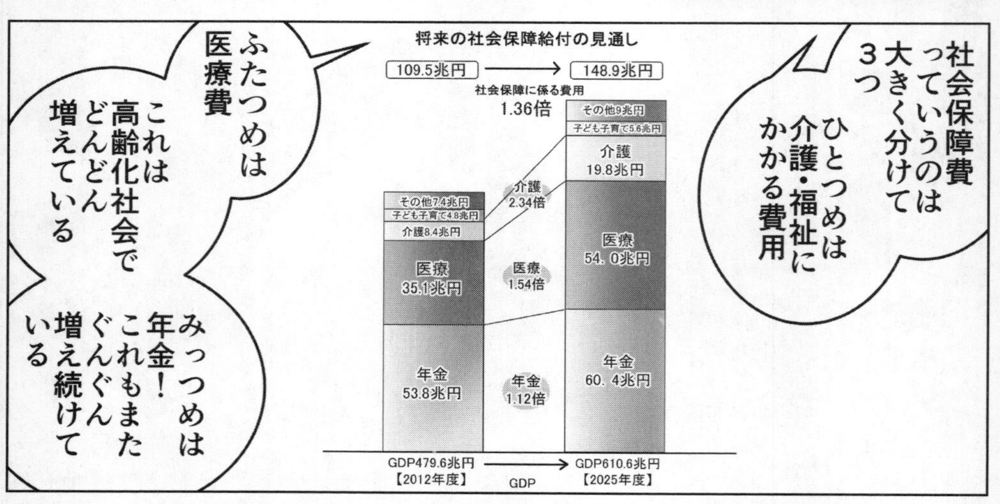

社会保障費っていうのは大きく分けて3つ
ひとつめは介護・福祉にかかる費用
ふたつめは医療費
これは高齢化社会でどんどん増えている
みっつめは年金！
これもまたぐんぐん増え続けている
将来の社会保障給付の見通し
109.5兆円
148.9兆円
社会保障に係る費用
1.36倍
その他7.4兆円
子ども子育て4.8兆円
介護8.4兆円
医療
35.1兆円
年金
53.8兆円
介護
2.34倍
医療
1.54倍
年金
1.12倍
その他9兆円
子ども子育て5.6兆円
介護
19.8兆円
医療
54.0兆円
年金
60.4兆円
GDP479.6兆円
【2012年度】
GDP
GDP610.6兆円
【2025年度】


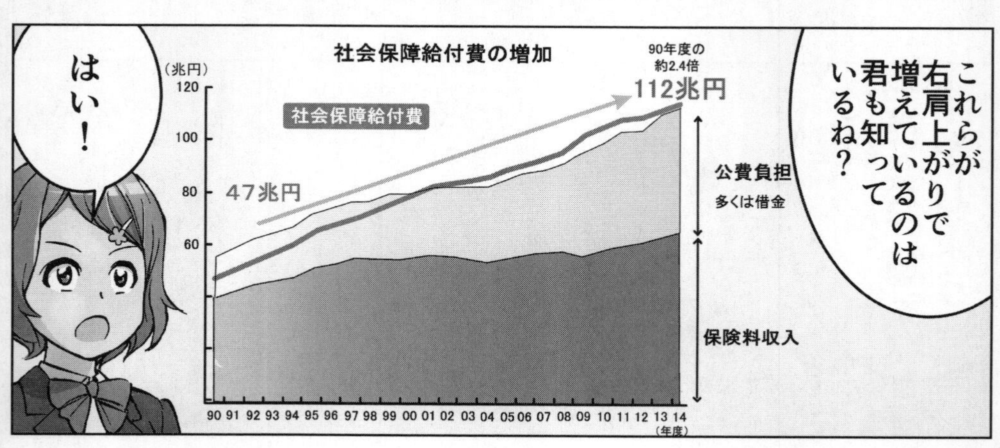

これらが右肩上がりで増えているのは君も知っているね？
はい！
社会保障給付費の増加
（兆円）
120
100
80
60
社会保障給付費
47兆円
90年度の
約2.4倍
112兆円
公費負担
多くは借金
保険料収入
90 91 92 93 94 95 96 97 98 99 00 01 02 03 04 05 06 07 08 09 10 11 12 13 14
（年度）

保険料収入が増えないから多くは国の借金で補填してる
あと5年後には介護も医療も年金も増えるばかり
介護は2倍以上医療費は1.5倍に増えてしまう

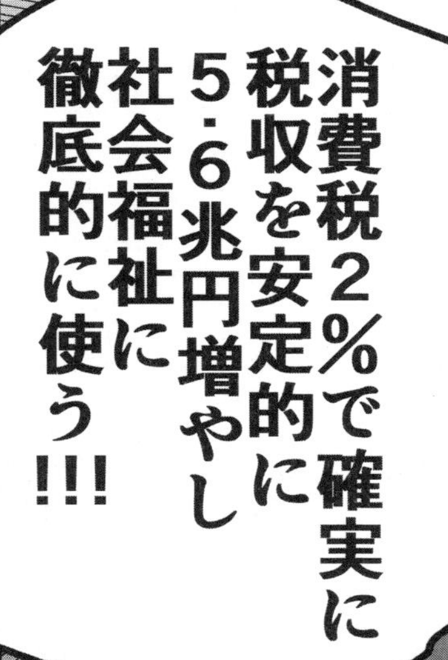
だからこそ日本国家の屋台骨の財政再建のために
消費税2%で確実に税収を安定的に5.6兆円増やし社会福祉に徹底的に使う!!!
これは社会保障と税の一体改革の基本理念であって2013年の60名の有識者会議でも多くの賛同があった

教育分野でも7700億円消費税から出すんだ

年金もこれで
一安心！
医療費も
これで安泰！
君たちは
少子高齢化を
どう考えて
いるんだ？
無責任な
高校一年生には
難しい話だった
かなぁ！
はっはっは!!
ざわ ざわ

…その2013年の
8％消費税上げの
会議で60人のうち
ほとんどの人間が
増税賛成だったって
話…

立派な肩書きの経済学者と銀行とかのエコノミストさんたちがいっぱい賛成してますけど
みんな政府や役所の「御用学者」「御用エコノミスト」でしょ
違いますか?
消費増税、有識者の賛否
現行案に賛成
加藤淳子（東大大学院教授）
古賀伸明（連合会長）
古市憲寿（社会学者）
増田寛也（東大大学院客員教授）
米倉弘昌（経団連会長）
伊藤隆敏（東大教授）
稲野和利（日本証券業協会会長）
谷亮丸
大和総研チーフエコノ
スト）
田洋子
三菱総研チーフエコノ
スト）
田章男
トヨタ自動車社長、
日本自動車工業会会長）
岡本國衛（経済同友会副代表幹事）
岡村正（日本商工会議所会頭）
岩沙弘道（三井不動産代表取締役会長、不動産協会会長）
中空麻奈（BNPパリバ証券投資調査本部長）
宮本太郎（中央大教授）
永井良三（自治医科大学学長）
小室淑恵（ワーク・ライフバランス社長）
青山理恵子（日本消費生活アドバイザー・コンサルタント協会副会長）
岡崎誠也（国民健康保険中央会会長、高知市長）
吉川洋（東大教授）
國部毅（三井住友銀行頭取、全国銀行協会会長）
菅野雅明（JPモルガン証券チーフエコノミスト）
吉川万里子（全国消費生活相談員協会理事長）
横倉義武（日本医師会会長）
石黒生子（UAゼンセン副書記長）
井伊雅子（一橋大教授）
樋口武男（大和ハウス工業会長、住宅生産団体連合会会長）
鶴田欣也（全国中小企業団体中央会会長）
小松万希子（小松ばね工業社長）
青柳剛（群馬県建設業協会会長）
岸宏（全国漁業協同組合連合会代表理事会長）
坂井信也（日本民営鉄道協会会長）
立谷秀清（福島県相馬市長）
谷正明（全国地方銀行協会会長）
西田陽一（おんせん県観光誘致協議会会長）
万歳章（全国農業協同組合中央会会長）
古川康（佐賀県知事）
奥山千鶴子（NPO法人「子育てひろば全国連絡協議会」理事長）
清家篤（慶応義塾長、社会保障制度改革国民会議会長）
馬袋秀男（「民間事業者の質を高める」全国介護事業者協議会理事長）
林文子（横浜市長）
土居丈朗（慶大教授）
西岡純子（アール・ビー・エス証券東京支店チーフエコノミスト）
高田創（みずほ総合研究所チーフエコノミスト）
上げ幅変更などを主張
岩田一政（日本経済研究センター理事長）
白川浩道（クレディ・スイス証券チーフエコノミスト）
浜田宏一（内閣官房参与）
石沢義文（全国商工会連合会会長）
阿部真一（岩村田本町商店街振興組合理事長）
白石興二郎（読売新聞グループ本社社長）
本田悦朗（内閣官房参与、静岡県立大教授）
永浜利広（第一生命経済研究所主席エコノミスト）
賛否表明せず
清水信次（日本チェーンストア協会会長）
植田和男（東大教授）
反　対
山根香織（主婦連合会会長）
片岡剛士（三菱UFJリサーチ&コンサルティング
研究員）
宍戸駿太郎
（国際大・筑波大
工藤啓
（NPO法人
ネット理事長
大久保朝江
（NPO法人
広田和子
（精神医療
計44
（注）8月31日時点

な！し…！失礼なことを言うな！
御用学者とは一体何のことだ！

政府や
役所の仕事を
受けまくり
海外出張も
税金から出て
経済資料や
データを役所や
政府からもらい
政府や役人の
手足となって
働く権力の亡者
国民の
敵のことを
言うのよ!

なっ
なぁにい
いい!!?
なんという
侮辱!!
うちの親父の
権威に泥を
塗る気か!?

海外視察とかは
当然全部自分の
お金で行って
るんですよね?
えーと…
筋肉の人!
ああ!?
名前覚えて
あげて…!

自分のって…
優秀な人間が海外に行ったり政府や役所の委員会メンバーになるのは普通のことだろ…？

自腹??

自腹…！
…なわけじゃない…！
ふ〜ん
それは当然の権利だ！
じゃ経済学のデータを調べるときの出典は？

それは我々だって大学の研究施設が…
でも最新のデータは研究できないでしょ？

財務省と日本銀行から…
しぶしぶ
ですよね！

だからどうした！
なにか悪いことをしているか!?
ああん!?

費増税、有識者の賛否

現行案に賛成

- 加藤淳子（東大大学院教授）
- 古賀伸明（連合会長）
- 古市憲寿（社会学者）
- 増田寛也（東大大学院客員教授）
- 米倉弘昌（経団連会長）
- 伊藤隆敏（東大教授）
- 稲野和利（日本証券業協会会長）
- 熊谷亮丸（大和総研チーフエコノミスト）
- 武田洋子（三菱総研チーフエコノミスト）
- 豊田章男（トヨタ自動車社長、日本自動車工業会会長）
- 岡本圀衛（経済同友会副代表幹事）
- 岡村正（日本商工会議所会頭）
- 岩沙弘道（三井不動産代表取締役会長、不動産協会会長）
- 中空麻奈（BNPパリバ証券投資調査本部長）
- 宮本太郎（中央大教授）
- 永井良三（自治医科大学学長）
- 小室淑恵（ワーク・ライフバランス社長）
- 青山理恵子（日本消費生活アドバイザー・コンサルタント協会副会長）
- 岡崎誠也（国民健康保険中央会会長、高知市長）
- 吉川洋（東大教授）
- 國部毅（三井住友銀行頭取、全国銀行協会会長）
- 菅野雅明（JPモルガン証券チーフエコノミスト）
- 吉川万里子（全国消費生活相談員協会理事長）
- 横倉義武（日本医師会会長）
- 石黒生子（UAゼンセン副書記長）
- 井伊雅子（一橋大教授）
- 樋口武男（大和ハウス工業会長、住宅生産団体連合会長）
- 鶴田欣也（全国中小企業団体中央会会長）
- 小松万希子（小松ばね工業社長）
- 青柳剛（群馬県建設業協会会長）
- 岸宏（全国漁業協同組合連合会代表理事会長）
- 坂井信也（日本民営鉄道協会会長）
- 立谷秀清（福島県相馬市長）
- 谷正明（全国地方銀行協会会長）
- 西田陽一（おんせん県観光誘致協議会会長）
- 万歳章（全国農業協同組合中央会会長）
- 古川康（佐賀県知事）
- 奥山千鶴子（NPO法人「子育てひろば全国連絡協議会」理事長）
- 清家篤（慶応義塾長、社会保障制度改革国民会議会長）
- 馬袋秀男（「民間事業者の質を高める」全国介護事業者協議会理事長）
- 林文子（横浜市長）
- 土居丈朗（慶大教授）
- 西岡純子（アール・ビー・エス証券東京支店 チーフエコノミスト）
- 高田創（みずほ総合研究所チーフエコノミスト）

①財務省等の意向通りの学者を作るために審議会・研究会・勉強会を主催します
②そこに名誉心のある有名大学の学者を呼びメンバーにします
③それぞれのメンバーが10名とすると各部署で3つ程度作ると100名程度がメンバーになり若手も重鎮も入れておきます
なにこの背景！
④研究員の時に研究成果を出版してあげます財務官僚がゴーストライターをすることもままあります
ほいー！
⑤任期が終わるとまた新しい人を入れ「教育的指導」をします
⑥海外視察なども海外の学会参加も国の税金で行ければそれ以上のメリットはありません

⑦晴れて
御用学者
御用エコノミストの
出来上がりです！
ジャーーーーン
朝ごはん!!

例えば最近の
この審議会
メンバーの一人は
こんなことを
言っているの
もぐ もぐ
いただきます
『日本の財政について
「本当の安心材料」は
大幅な税率引き上げと
大幅な歳出減以外にはない』
(三井住友銀行
チーフ・エコノミスト
西岡純子)

こういう
経済学者は
日本銀行や
財務省からの
データを
ベースに計算し
財務省にとって
都合の良い結論
だけを
マスコミを通じて
発信し世間に
浸透させる
ぐぬぬ!!!

元財務官僚の
高橋洋一氏によると
マスコミに
思い通りに
話させるためには
経済学者
エコノミストを
抱き込むのは常套手段
マスコミは
自分たち記者が
直接増税を言うのは
リスクがあるから
必ず東京大学名誉教授や
大手銀行シンクタンクの
チーフアナリストを
使って権威づけするの

なぜあなたたちが
財務省に加担
するのかといえば
ごちそうさまでした

あなたたちが
一番欲しい
権力 権威
地位 名声
のためじゃ
ないの!?
違う!?

日本の
経済学者って
信念ってものが
ないの!?
このぉ
お～…!
ミキ
ミキ…
お…
親父…!

さっき言った社会保障の話だけどね
2014年の消費増税のときに「増えた税収は全額社会保障に使う」と公約に掲げた自民党だったけど
政府広報
消費税率の引上げ分は、全額、社会保障の充実と安定化に使われます。
、すべての世代が
全世代型へ。
実際に使われたのはたったの2割だった!
!!?

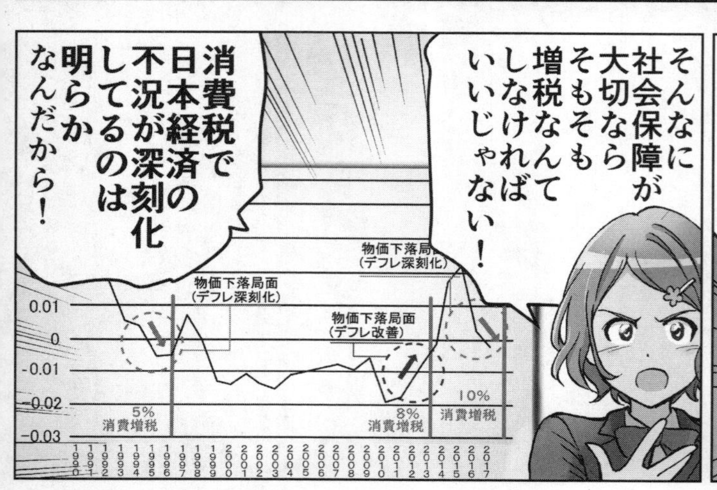
今回は増収分5.6兆円の「半分」を社会保障にあてると言うけれど…はたして本当かしら?
そんなに社会保障が大切ならそもそも増税なんてしなければいいじゃない!
消費税で日本経済の不況が深刻化してるのは明らかなんだから!
物価下落局面（デフレ深刻化）
物価下落局面（デフレ改善）
物価下落局面（デフレ深刻化）
0.01
0
-0.01
-0.02
-0.03
5% 消費増税
8% 消費増税
10% 消費増税
1990 1991 1992 1993 1994 1995 1996 1997 1998 1999 2000 2001 2002 2003 2004 2005 2006 2007 2008 2009 2010 2011 2012 2013 2014 2015 2016 2017

いくら大マスコミが戦後二番目に長い「いざなぎ景気」を超えたと報道していたって
一般の人の世論調査では82%の人が景気回復を実感していないそうなの！（2017年末）
「いざなぎ」並みの長さでも回復の勢いは極めて緩慢
（実質GDP、季節調整済、最初の四半期=100）
いざなぎ景気（65年11月～70年7月）
今の景気回復（12年12月～
180
160
140
120
100
80
1四半期 3 5 7 9 11 13 15 17
（出所）内閣府
消費税は「消費することへの罰金」
消費（かいもの）にブレーキをかける最悪の税金！

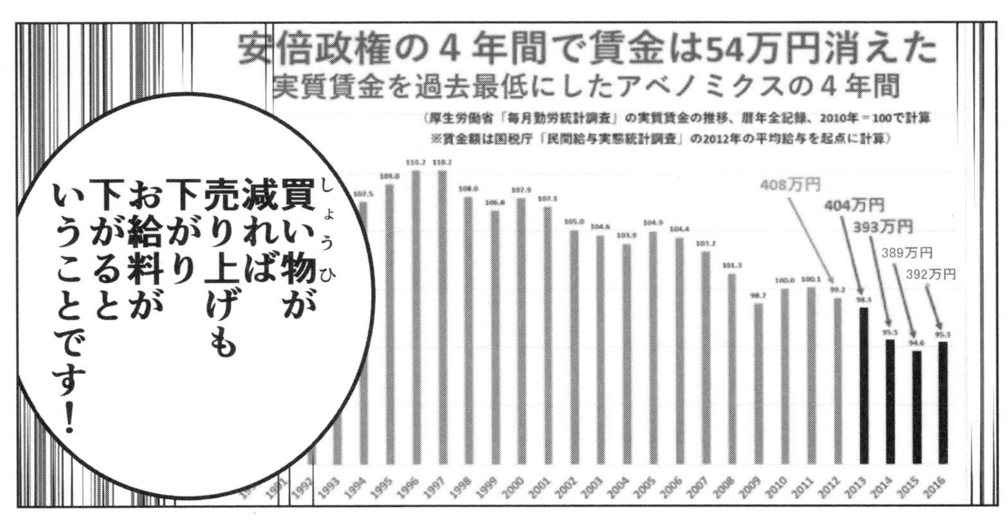
安倍政権の４年間で賃金は54万円消えた
実質賃金を過去最低にしたアベノミクスの４年間
（厚生労働省「毎月勤労統計調査」の実質賃金の推移、暦年全記録、2010年＝100で計算
※賃金額は国税庁「民間給与実態統計調査」の2012年の平均給与を起点に計算）
408万円
404万円
393万円
389万円
392万円
買い物（しょうひ）が減れば売り上げも下がりお給料が下がるということです！

お金がないから子供が育てられないしお金がないからより社会保障が必要なんでしょ！
大体どんどん増え続ける社会保障を理由に増税したらキリがないじゃない！

だからこそ目指すべきはより充実した「社会保障」ではなく「経済成長」なの!!
国民が豊かになることなの！
何で経済学者がそんなこともわからなの！
だから経済をダメにする消費増税は絶対にダメなの！

あなたが言ってるのは所詮全部エリートが決めた机上の空論
あなたたちがもし本当に優秀なら１９９７年以降のデフレをすぐにでも直せたはずでしょ
ボッ
ブチブチ
きさまあぁぁ…！

あなたたちが
結局間違っているのは
消費者心理
中小経営者の心理
この国を生きる日本人の心の内を理解していない！
それに尽きるの！

財務省様の意向を忖度したあなたたちの出世欲名誉欲を満たすために私たち（いっぱんじん）を使わないでちょうだい!!
この小娘ええええ!!!!

この日本最高峰の経済学者に向かって学生風情があぁぁ!!!!
ぎゃあああぁ!!!!
ザシュッ

はっっ!!!
私の勝ちね
ピタ
アアア
高橋さんつえええええ!!!?
急になんの漫画だよ!!!
あなたは知っているはず…今本物の経済学者がやるべきことを
…!
てかサイズどうなってんの!?

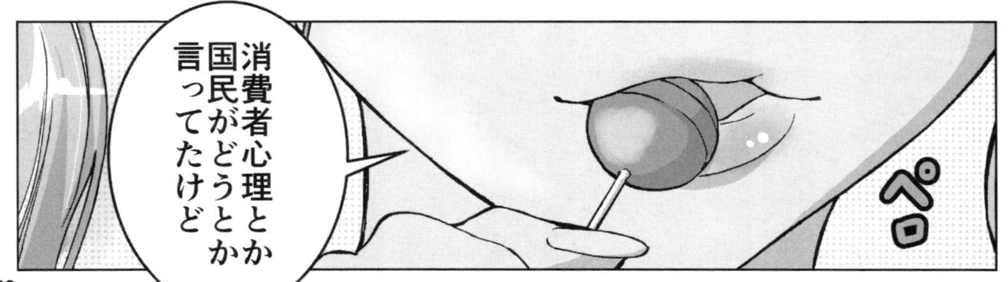
消費者心理とか国民がどうとか言ってたけど
ペロ

そういうことなら私たちが相手になるわよ
さくら様！
さくら様！今日もお美しい！
3年2組
四又さくら
ガチャ
この国の消費者の心をつかんで大企業になった！
我々が叩きのめすよYOUをね！
景気と消費者心理について語らせたら日本で一番YO！
ミッキー四又
（55）
ケイ団連会長
「ヨッさん自動車」会長

1300社もの大企業の集まり「ケイ団連」のトップ
この学校に一番寄付している大企業の社長だ！

初めての商売人…!! 勝てるかな高橋さん…！
チラ…

高橋さん!?
バーーーン
うう…疲れた…ちょっと休ませて…
布団で!?

…
この国のエリートたちを次々に打ち負かしていっている…
この子なら本当にたどり着くかもしれない
日本のトップ安倍総理のところまで…！
スピー

# 第5話

# 対決!　大企業の大ボス!
# ケイ団連ア〜ンド
# ヨッさん自動車会長!
# ついに迎える
# あさみ終わりの始まり?

の巻

面白い
お嬢ちゃんだ
さくら様！
お父様！
どれ
わしがちょっと
遊んであげよう
ミッキー四又(よつまた)
（55）
ケイ団連会長
「ヨッさん自動車」会長

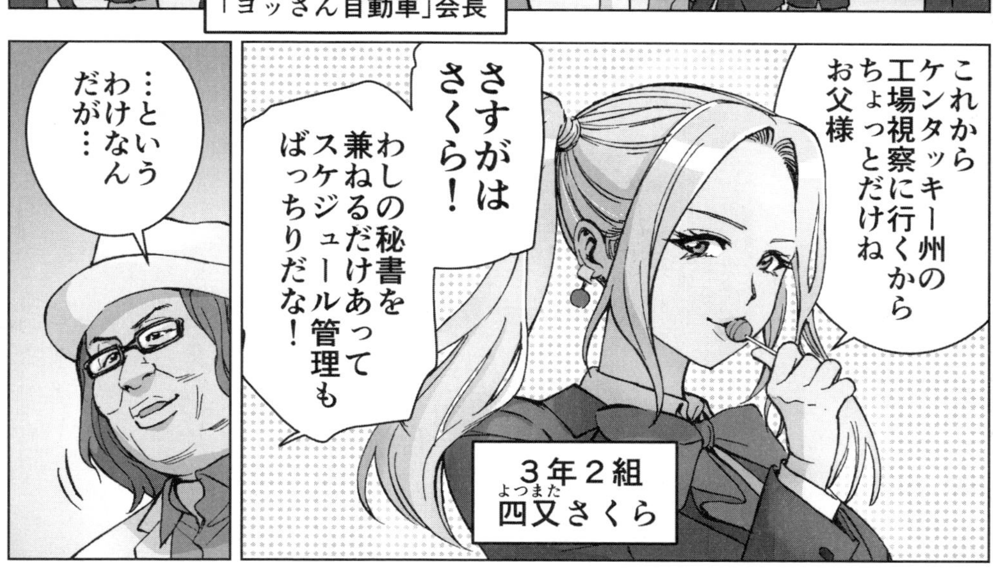
これから
ケンタッキー州の
工場視察に行くから
ちょっとだけね
お父様
さすがは
さくら！
わしの秘書を
兼ねるだけあって
スケジュール管理も
ばっちりだな！
3年2組
四又(よつまた)さくら
…という
わけなん
だが…

お前は
いつまで
寝てるんだ!!
うう…
デーーーーン

ちょっと具合悪い…風邪かも…
ゴホッ
ゴホッ
疲れかな…？
この短時間で風邪!?

とりあえずなんとか頑張るんでよろしくお願いいたします…
弱々し…！
や…ほんと相手にしてくれるだけでもありがたいっす
ほんと感謝です…
忙しいのにほんとすいません
薬飲むかい？

…やれやれ
んじゃ話の続きだが…

消費者心理と言ったがお嬢ちゃんは本当に理解できているのかい？
バチン！

我々は昭和の時代からコツコツと商売をやってきて大きな会社になった
ケイ団連とはそのように大きくなった会社１３００社の集まり

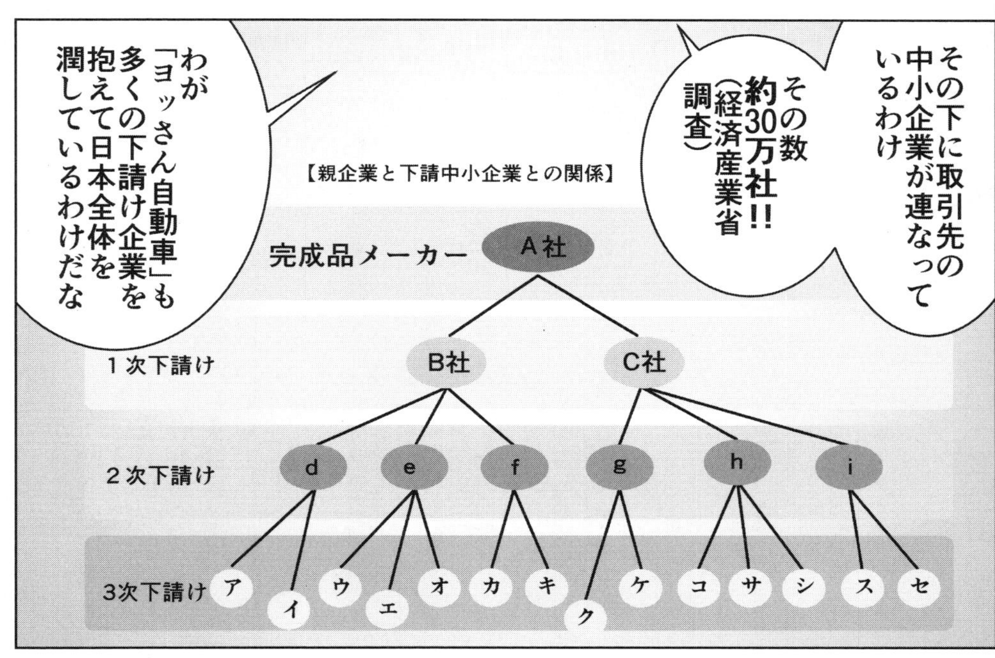
その下に取引先の中小企業が連なっているわけ
その数約30万社!!(経済産業省調査)
わが「ヨッさん自動車」も多くの下請け企業を抱えて日本全体を潤しているわけだな
【親企業と下請中小企業との関係】
完成品メーカー
A社
1次下請け
B社
C社
2次下請け
d
e
f
g
h
i
3次下請け
ア
イ
ウ
エ
オ
カ
キ
ク
ケ
コ
サ
シ
ス
セ

しかも世界に向けて車を大々的に売り販売台数も世界ＴＯＰ５位内
この日本独自の「系列」という大きなグループが日本の強みよね

| | 企業数 | 従業員数 |
|---|---|---|
| 大企業 | 1.1万社 | 1,433万人 |
| 中小企業 | 280.9万社 | 3,361万人 |
| うち小規模事業者 | 325.2万社 | 1,127万人 |

軽減税率は欧州各国で採用されている

| | 標準税率 | 軽減税率 | 主な対象品目 |
|---|---|---|---|
| フランス | 20% | 10% | 書籍、肥料、外食サービスなど |
| | | 5.5 | 食料品など |
| | | 2.1 | 新聞、雑誌、医薬品など |
| 英国 | 20 | 5 | 家庭用燃料、電力など |
| | | 0 | 食料品、水道水、新聞など |
| ドイツ | 19 | 7 | 食料品、水道水、新聞など |

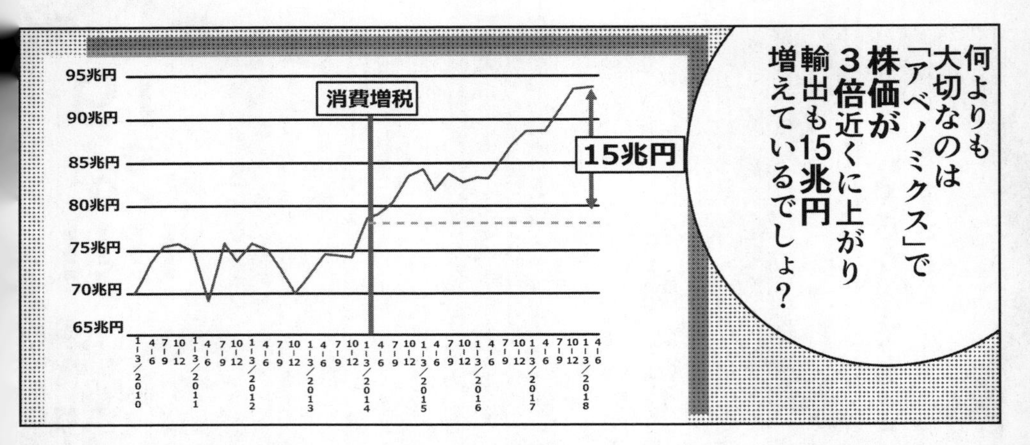
95兆円
90兆円
85兆円
80兆円
75兆円
70兆円
65兆円
消費増税
15兆円
何よりも大切なのは「アベノミクス」で株価が3倍近くに上がり輸出も15兆円増えているでしょ？

大企業が努力を重ねて売り上げを増やし下請け企業が我々の仕事を受けて仕事を増やし国家を豊かにしているんじゃない!!
大企業は世界のグローバル企業と日々戦っているから本当に大変なのよ

我々は消費税で国家に安定財源ができることは「国家の年金」と同じで安心できる大事な要素だと思うけどねぇ

そう！19%に増やせばそれこそ「完璧なセーフティーネット」ができるのよ！
おわかりかしら？高橋さん！

郵便はがき

料金受取人払郵便

牛込局承認

5559

差出有効期間
令和元年12月
7日まで
切手はいりません

162-8790

東京都新宿区矢来町114番地
神楽坂高橋ビル5F

株式会社ビジネス社

愛読者係 行

<table>
<tr><td colspan="4">ご住所 〒<br><br>TEL:　　　(　　　)　　　　FAX:　　　(　　　)</td></tr>
<tr><td colspan="2">フリガナ<br>お名前</td><td>年齢</td><td>性別<br>男・女</td></tr>
<tr><td>ご職業</td><td colspan="3">メールアドレスまたはFAX<br><br>メールまたはFAXによる新刊案内をご希望の方は、ご記入下さい。</td></tr>
<tr><td colspan="4">お買い上げ日・書店名<br>年　　月　　日　　　　市区<br>町村　　　　書店</td></tr>
</table>

ご購読ありがとうございました。今後の出版企画の参考に
致したいと存じますので、ぜひご意見をお聞かせください。

# 書籍名

お買い求めの動機

1　書店で見て　2　新聞広告（紙名　　　　　　　　　）
3　書評・新刊紹介（掲載紙名　　　　　　　　　）
4　知人・同僚のすすめ　5　上司、先生のすすめ　6　その他

本書の装幀（カバー），デザインなどに関するご感想

1　洒落ていた　2　めだっていた　3　タイトルがよい
4　まあまあ　5　よくない　6　その他(　　　　　　　　　)

本書の定価についてご意見をお聞かせください

1　高い　2　安い　3　手ごろ　4　その他(　　　　　　　　　)

本書についてご意見をお聞かせください

どんな出版をご希望ですか（著者、テーマなど）

…
…え…？

そんな薄っぺらいウソをつきにきたの？
親子そろって
びっくり！
なあああにいいいいいいいい!!?
高橋さん！感謝！感謝は!?

ウソとはなんだウソとは!!
ケイ団連の会長に向かってなんて口の聞き方かしら！

…あの…あれだ…こんなところで寝てる場合じゃないね…！
よっこら
まあ外だしね…！

私…戦わなきゃ！
あなたたちは知らなすぎる！
日本人がどれだけ苦しんでいるのかを
ツー…
バン!!

あなたって「ヨッさん自動車」の何代目なの？さくらさん
6代目よ
じゃあ生活で苦労したこととかありますか？
…いえ
そんなことさせるか！

ここにいるみんなはどうですか？
生活ができないぐらい明日食べるご飯がない生活って想像できます？

いやぁ
ないなぁ
そんな生活
するかよ
親が
悪い
じゃいねん

この学校の
親御さんの
平均年収は
２０００万円
ですからねぇ
…

お腹空いた
なあ…

すまない…
あさみ…

私には
あります

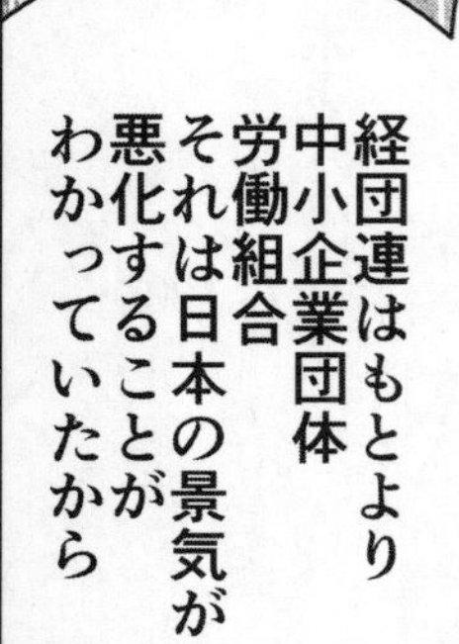


しかしいつの間にか経団連が「消費税」を条件付きで認め他の団体もそれに追随し消費税は導入されたの

なぜ彼らは認めたのか?

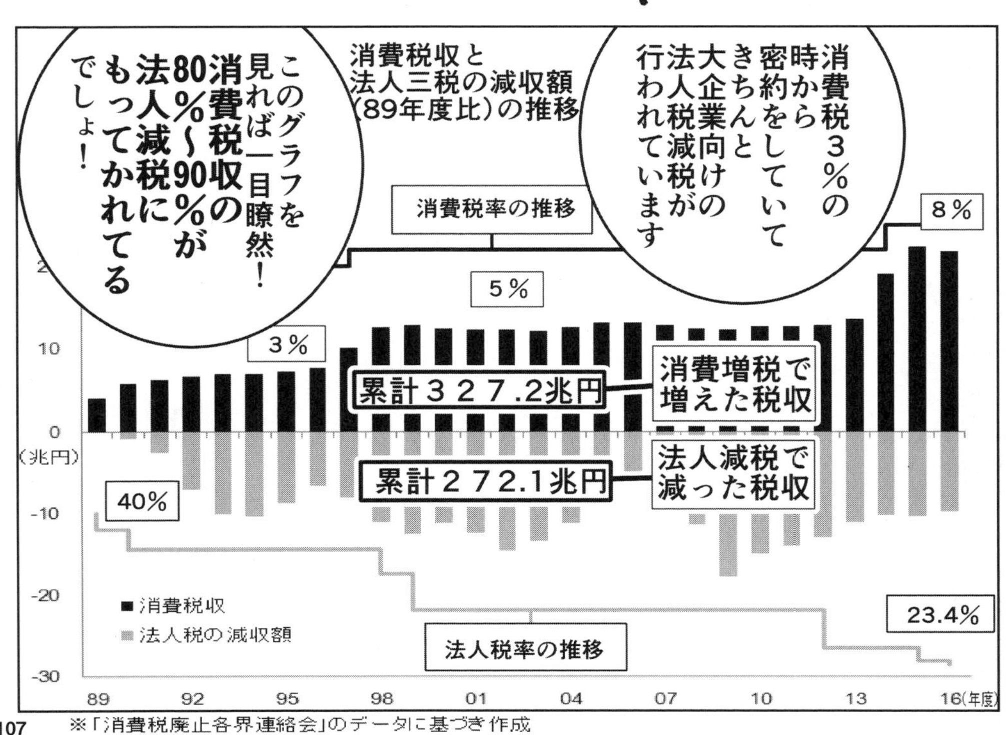


※「消費税廃止各界連絡会」のデータに基づき作成

税率が変わってもほら税収の50%が法人税と消費税に入れ替わっているだけ!
あ!!ほんとだ!!なんだこの子供だましのトリック!
100%
90%
80%
70%
60%
50%
40%
30%
20%
10%
0%
15.8
13.1
17.1
17.5
17.0
14.1
17.7
18.6
21.8
26.2
31.5
32.9
34.3
30.4
22.5
23.8
20.1
21.5
32.2
37.8
38.6
32.5
31.4
31.5
資産課税等
消費課税
法人所得課税
個人所得課税
63
抜本改革
平成2
土地税制改革
5
平成6年の税制改革
9
恒久的な減税
23
税制抜本改革
30
(年度)


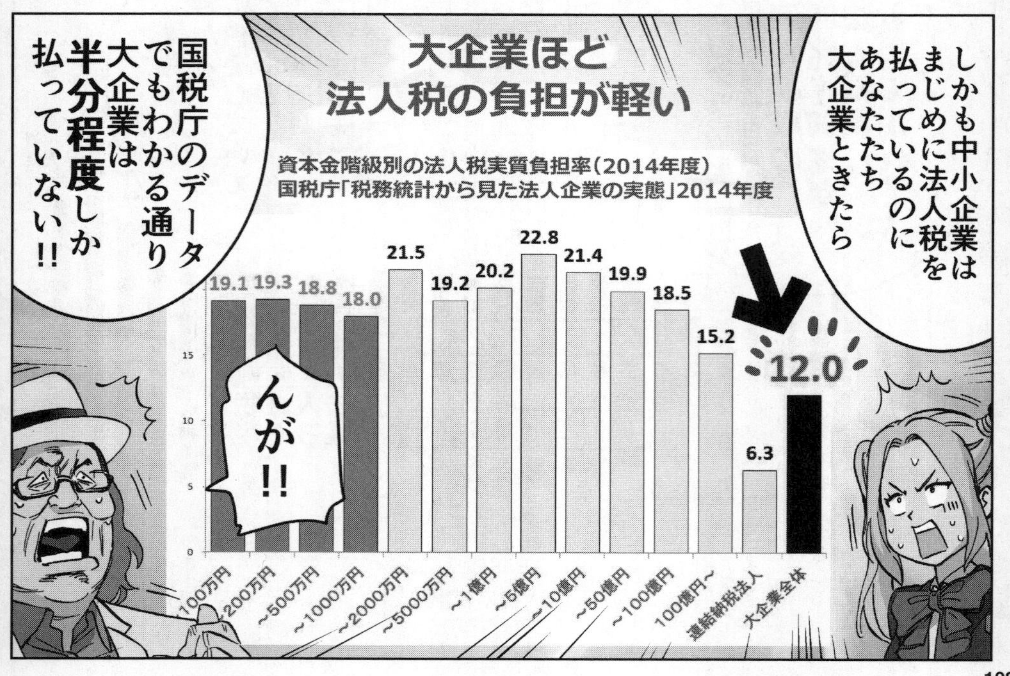

しかも中小企業はまじめに法人税を払っているのにあなたたち大企業ときたら
国税庁のデータでもわかる通り大企業は半分程度しか払っていない!!
大企業ほど
法人税の負担が軽い
資本金階級別の法人税実質負担率(2014年度)
国税庁「税務統計から見た法人企業の実態」2014年度
19.1
19.3
18.8
18.0
21.5
19.2
20.2
22.8
21.4
19.9
18.5
15.2
6.3
12.0
15
10
5
0
100万円
~200万円
~500万円
~1000万円
~2000万円
~5000万円
~1億円
~5億円
~10億円
~50億円
~100億円
100億円~
連結納税法人
大企業全体
んが!!

えーあー…まぁそれは色々な…
税金を払わなくても良い法律を国がな…
財務省が作ってくれた！ということでしょう
消費増税を認める見返りに！
!!!
ちょっと！大きな会社だって消費税は払っているでしょう！
なら別に比率が変わっても一緒じゃない!!結局払うんだし

「増えた税収を社会保障の充実のために使う」んじゃなかった？
あ…

法人減税の穴埋めのために使ったらまずいでしょ？
ウグッ…!!

**輸出大企業(製造業12社)に対する還付金額推算(税率8%)**

単位:億円

| 企業名 | 事業年度 | 売り上げ高 | 輸出割合(%) | 環付金額 |
|---|---|---|---|---|
| トヨタ自動車 | 2015年4月～2016年3月 | 11兆5,858 | 78.6 | 3,633 |
| 日産自動車 | 同 上 | 3兆4,934 | 68.6 | 1,546 |
| マツダ | 同 上 | 2兆6,065 | 82.0 | 804 |
| 本田技研工業 | 同 上 | 3兆3,036 | 60.2 | 754 |
| キャノン | 2015年1月～2016年12月 | 2兆0,911 | (推定)77.7 | 581 |
| 東芝 | 2015年4月～2016年3月 | 2兆8,752 | (推定)59.0 | 546 |
| 三菱自動車 | 同 上 | 1兆8,060 | 80.6 | 545 |
| ソニー | 同 上 | 2兆0,642 | (推定)68.7 | 456 |
| 村田製作所 | 同 上 | 8,891 | (推定)93.5 | 390 |
| 新日鉄住金 | 同 上 | 3兆1,607 | (推定)38.8 | 326 |
| 日立製作所 | 同 上 | 1兆8,596 | (推定)48.0 | 272 |
| パナソニック | 同 上 | 3兆7,822 | 30.6 | 249 |
| 合計 | | | | 1兆0,102 |

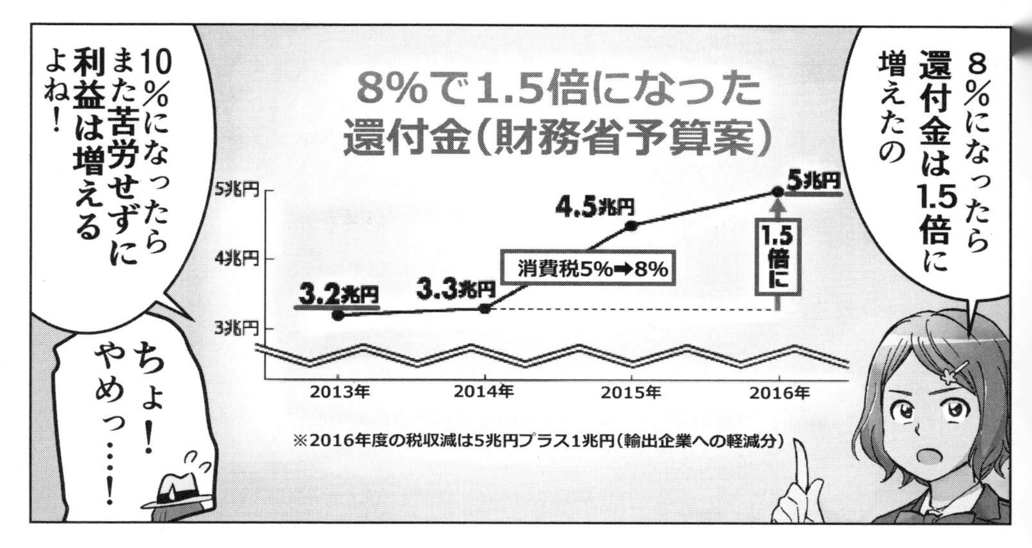
８％になったら
還付金は1.5倍に
増えたの
8%で1.5倍になった
還付金（財務省予算案）
5兆円
4兆円
3兆円
3.2兆円
3.3兆円
4.5兆円
5兆円
消費税5%➡8%
1.5倍に
2013年
2014年
2015年
2016年
※2016年度の税収減は5兆円プラス1兆円（輸出企業への軽減分）
10％になったら
また苦労せずに
利益は増える
よね！
ちょ！
やめっ……！

しかも大企業の
すぐ下の会社は
本当に８％
大企業から
消費税分を取れて
いるのかしら??
値段を安くするように
叩かれて実質消費税分
取れていない会社も
少なくないはず
下請けは
辛いよね…

ですよね!?
ミッキーさん！
?
いや
いまさら
シラを
きるな！

他にも大企業は例えばこんな風に優遇されてます！
細かく知りたい人はどうぞ

**大企業優遇措置による減税額(2014年度)**

| 減税項目 | | 減税額 | 概 要 |
|---|---|---|---|
| 租税特別措置法による減税措置 | | 1兆5,361億円 | 試験研究費の減額控除など |
| 法人税法による減税措置 | 受取配当益金不算入 | 2兆3,722億円 | 受取配当を利益から除き、減税するもの |
| | 外国子会社配当益金不算入 | 2兆4,493億円 | 外国籍企業の外国子会社からの配当の95%を利益から除く減税 |
| | 連結納税 | 4,397億円 | 国内子会社の所得を親会社の所得と合算して法人税を計算する仕組み。連結納税グループ企業の中に赤字法人があると、各企業の黒字と赤字が相殺されるため課税所得が減り、個別に納税するより法人税が減税になる |
| | 株式発行差金への非課税 | 0億円 | 会社に株主から払い込まれる株式発行差金(プレミアム)は一種の「利益」と考えられるが、法人税ではこれに課税しない |
| 合計 | | 6兆7,973億円 | |

出所＞財務省「法人企業統計」「租税特別措置の適用実態調査の結果に関する報告書」国税庁「会社標本調査結果」などにより作成。

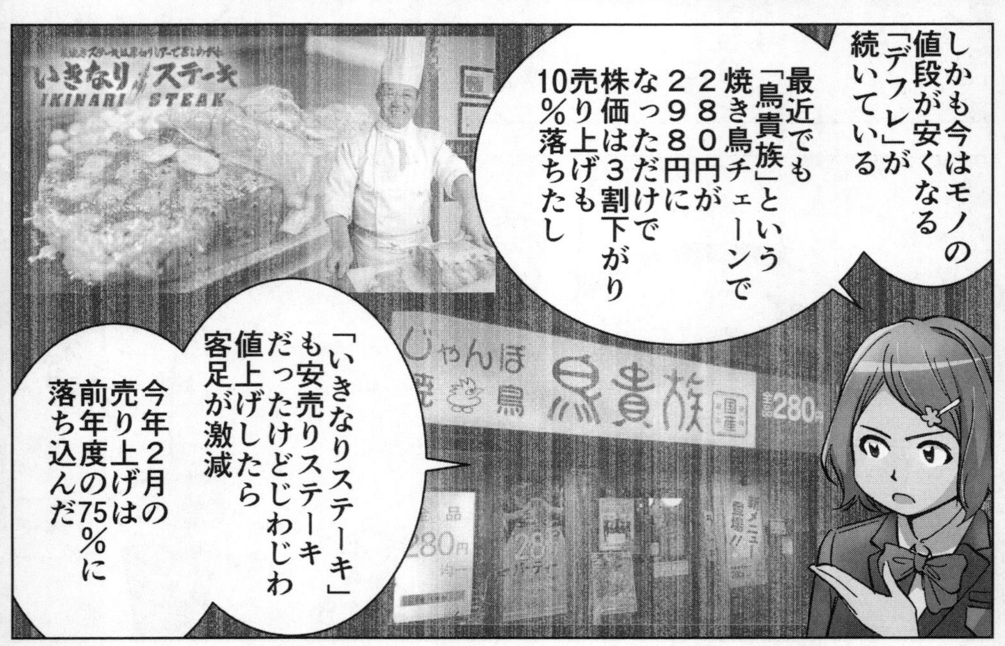

今までモノを安く買ってた消費者に対して「消費税が上がったから値段上げます!!」
…なんてそんな甘くないの！デフレって!!

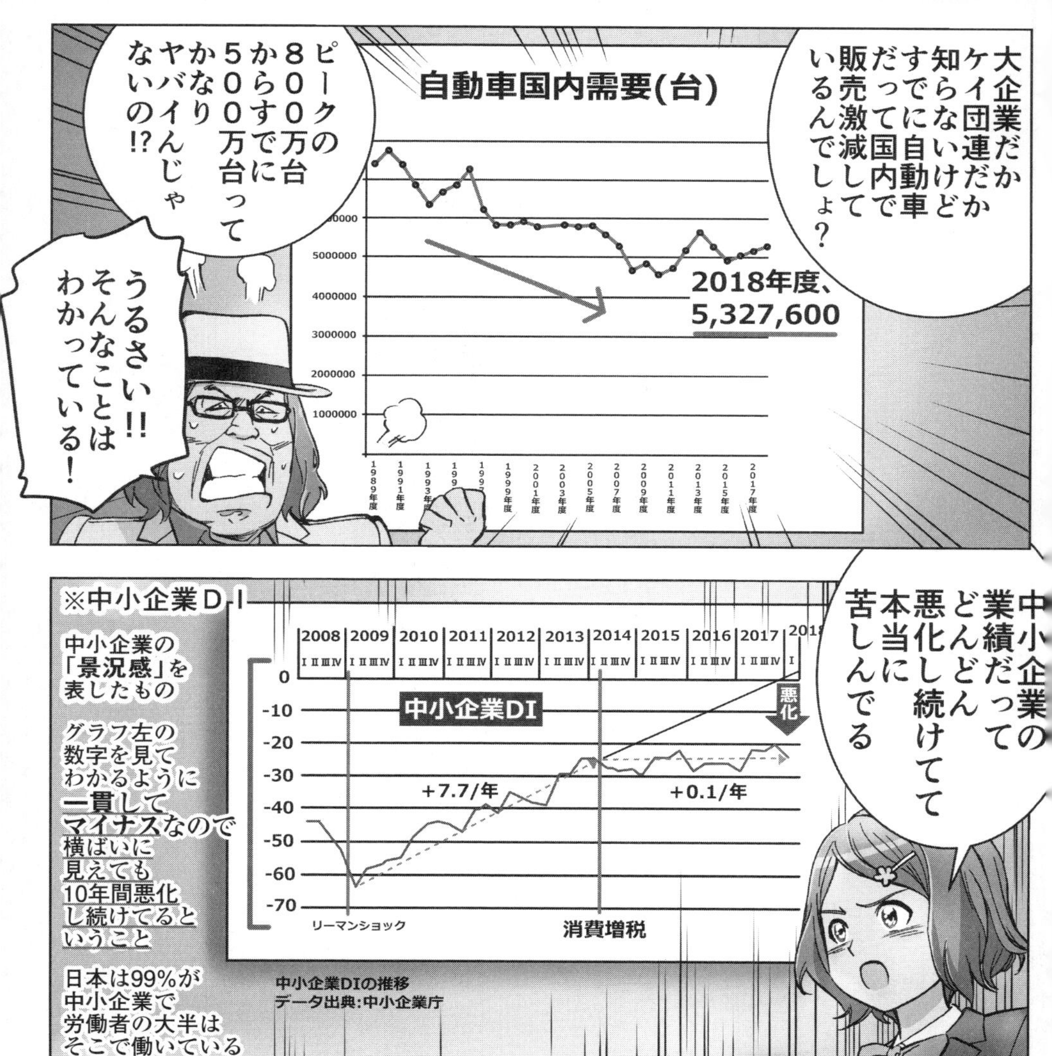
大企業だかケイ団連だか知らないけどすでに自動車だって国内で販売激減してしょ？
ピークの800万台からすでに500万台ってかなりヤバイんじゃないの!?
自動車国内需要(台)
2018年度、5,327,600
うるさい!!そんなことはわかっている！
※中小企業D.I
中小企業の「景況感」を表したもの
グラフ左の数字を見てわかるように一貫してマイナスなので横ばいに見えても10年間悪化し続けてるということ
日本は99%が中小企業で労働者の大半はそこで働いている
中小企業DI
+7.7/年
+0.1/年
悪化
リーマンショック
消費増税
中小企業DIの推移
データ出典:中小企業庁
中小企業の業績だってどんどん悪化し続けてて本当に苦しんでる

自分たちだけは消費税を上げても生き残れると思っていられるほどこのデフレのパワーは甘くないでしょ!!
そんなこと国を支える屋台骨のあなたが一番よくわかっているじゃない!!!
グローバル企業のようなふりをして海外でモノが売れたとしても!
日本自体の景気を冷え込ませる消費増税が続けば「アベノミクス」のパワーはまた急激に削がれてしまうの!!
アメとムチでうまく商売人を騙していることにいい加減気づいてよ!
あなたたちがいくら財務省をサポートしたってあちらは単なるコマとしかみてないのよ

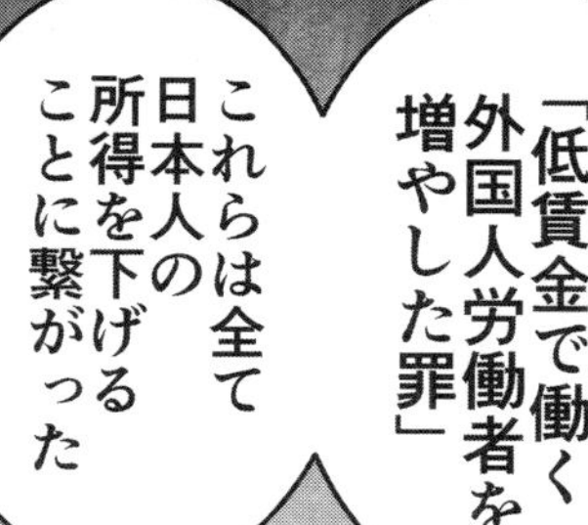
ケイ団連に言いたいことは他にも山ほどある
「非正規社員を増やした罪」
「働き方改革でさらに残業代カットの罪」
「低賃金で働く外国人労働者を増やした罪」
これらは全て日本人の所得を下げることに繋がった

でも一番最悪なのは消費税増税だってこと!
ここでまた消費税が上がったら97年や2014年の増税を超え
デフレ不況にみんないつまでも苦しめられることになる!
ケイ団連は日本の企業を救う義務があるはずでしょ!?
だからどうか!!簡単に増税を認めることはやめて!!

…多分…
!!

ケイ団連は
このデフレの深刻さが
なにより多くの国民の苦しみが理解できていない
公平に見て私はそう感じましたが

校長先生…!?

なんだと!!貴様!!
だれがこの学校の校長にしてやったと思ってるんだYO!!!

ふん！
後で覚えて
いるがいい

消費税が
ブレーキなのは
わかっているが
大企業の連中は
なんとも
思っちゃいない
所詮
エリート
コースの
ボンボン
だからな！
ハッハッハ

開き
直った…！

やっぱり
「増税派」の
言っている
ことは
敗
どうも
おかしいこと
ばかりだ…！

は…
はい！

!!!

…高橋さん

3年のトップがあなたたちに会いたいと言っています

!!!

…

…気に入らない……!
ガリ…
兄さんと僕を差し置いて…!
財務閥政治家
なかいずみしんいち
中泉眞一(38)
3年1組「β」
なかいずみしんさぶろう
中泉眞三郎

# 第6話

# ついに若手の財務省系・政治家登場! ハイパーインフレ論であさみ大ピンチ! あさみの風邪は鼻風邪なのか喉風邪なのか?

の巻

まさか
この学園の
ナンバーワンから
声がかかるなんて
本当に
すごいね
高橋さん
そんなこと
ないよ～
学園の
トップなら
もしかして
安倍総理への
つてもあるん
じゃない？

それや！
アベくん！
でしょ!?
それや!?

気を緩めては
いけませんよ
彼らは
この学園
最強の
増税論者
です

厳しい戦いに
なりますよ
…

…ところで
高橋さん
風邪は
どうなった
の？
ああ
うん
もう
大丈夫！

私の体内に潜む病原体が次々と撃滅されていくのがわかるよ！
わかる!?

あ！なんかテンションあがってきよった！
アッパー系の風邪薬だったのかもしれへんわ！
イエーーッ!!!
そんなのある!?
てか関西弁になってるけどそれテンション上がってるせいなの!?
せや！

さあこの先がいよいよ3年1組のフロアですよ

ついに…学園のトップのみが入ることを許される領域に…!!
YO! YO!
～♪
せやかて せやかて～♪

困りますよ
校長先生
我々を
差し置いて
こんなやつらを
上に上げて
もらっては
ドン
3年1組「β」
なかいずみしんさぶろう
中泉眞三郎
財務閥政治家
なかいずみしんいち
中泉眞一（38）

・・・・・・・・

だれだべ!?
なっ!?
関西弁どこいったし！

兄さんを
知らない
のか？
与党の次世代
カリスマ政治家
中泉眞一だ！

有名だよ
財務畑の
若手の
ホープ!!
あぁ
よくテレビ
出てる!!

いいか！
今までの
相手は全部
外の人間だ！
新聞社も
経済学者も
ケイ団連も！

俺たちは
法律を
作る専門家
国の借金の
話だけでは
ない！
国の財政を
安定させ
長い期間
発展させる
義務がある

そのために
一番大事なのは
「国債」を暴落
させないこと
!!!
つまりギリシャや
ベネズエラのように
「ハイパー
インフレーション」
を起こさせない
ことである
!!!!

今の「アベノミクス」は「財政健全化」の観点からいくともはや末期状態さ
ギリシャは財政破綻が明らかになった2010年国債の金利が10%を超え2年後には40%を超えた
信用がなくなると金利は高まっていくのだ

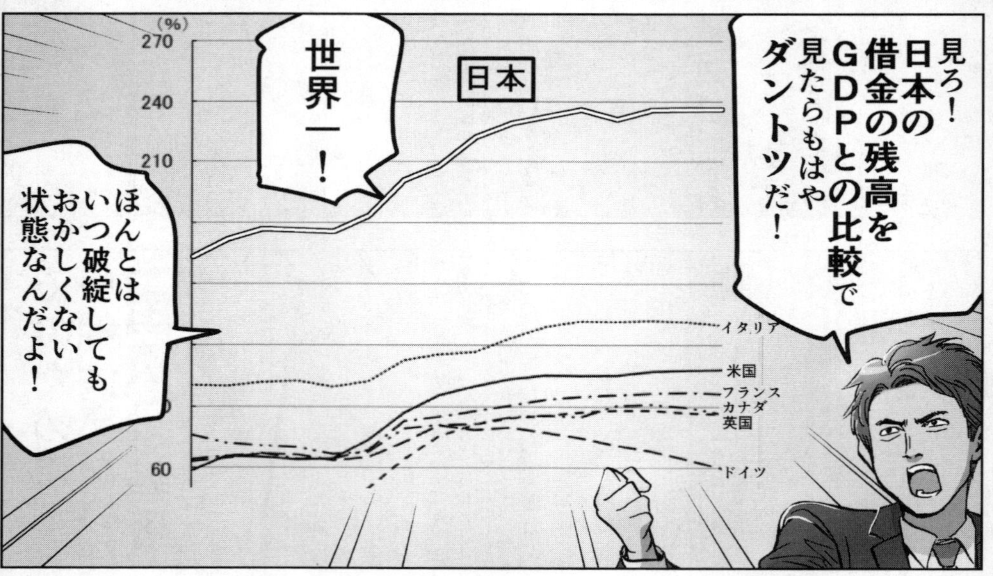
見ろ！日本の借金の残高をGDPとの比較で見たらもはやダントツだ！
世界一！
ほんとはいつ破綻してもおかしくない状態なんだよ！
(%)
270
240
210
60
日本
イタリア
米国
フランス
カナダ
英国
ドイツ

国債の発行残高はいろいろ入れて1100兆円！日本銀行は400兆円
アベノミクス前は日銀は130兆円しか国債を持っていなかったから3倍以上借金を増やしたことになる！
…なんか聞いてると…

「アベノミクス」に問題があるって感じですか…？

ああ！与党の議員のほとんどは本当は反対なのさ！
我々は政府税制調査会と組んで「反アベノミクス勉強会」を２０１７年から開いている
2017/5/15
ここには政府与党の議員が60人以上集まり元財務大臣を中心に財政をどう健全にするかが話し合われている

それって
完全に財務省の
…アレだよね…

シーン…
高橋さん!!?

日本はかつて
第2次世界大戦の時
戦費の捻出で
国家予算の9倍の
借金を抱えていた
戦後
ハイパーインフレを
起こし多くの人が
物がどんどん
高くなり苦しんだ

戦後
たった4年で
70倍だぞ!
ギリシャ同様の
ことが今の日本で
突然起きることは
ありうる!
政治家は特に
「物の値段」
「物価の安定」
これを
守らないと
いけない
「借金を減らし
税金を安定」
させなきゃ
ならん!

毎年
国の予算を
作る身にも
なってみろ!
社会保障費は
増えるばかりだし
青天井の医療費で
むやみやたらに
借金を増やし…
「どんどん
お金を刷れば
大丈夫です!!」
…とはね
政治を実際に
法律に落とす
人間からしたら
無責任なんだよ
む・せ・き・
に・ん!!!
第一の矢
「異次元の緩和」
日銀がお金を大量に刷る

大量に金を刷り
貨幣量が増え
借金も増え
金利も上がり
続ければ
当然
「ハイパー
インフレ」に
なるだろう!!?
だからこそ今やるべきは
アベノミクスを見直し
国の借金を返し
社会保障の財源のための
消費増税なのだよ!!!

なんか言えよ!!!
1ページ使って何もしないってなんなんだお前!!!
フウ…

…やっぱりね
なに…!?

あなたたちも完全に財務省に洗脳されちゃってますね

洗脳だと!!
何を言っているんだ!「財政規律」を語るのがなんで洗脳なんだ!

財務省からアメとムチで飼いならされているマスコミと学者ケイ団連
そこにあなたたち与党政治家も入っているのはわかっています!!!
なにぃ!?兄さんを馬鹿にするなよ!!!

だって
いつも
タイミングよく
政治家の
スキャンダルが
出るけど
あれは財務省が
都合の悪い
政治家をリークして
いるんじゃない？

愛人問題！
不正献金
口利き疑惑
税金逃れ
あなたは
どれです
かねぇ？

な…
なんのこと
だや!!
はい
確定！

2009年の
民主党政権の時
鳩山政権は
増税反対だった
しかし1年後の
菅内閣野田内閣は
いつの間にか増税派

そして
2012年の
三党合意で
10％消費増税は
決まってしまった
消費増税へ３党合

アベノミクスの
旗振り役は
日本の経済学者で
「リフレ派」と
呼ばれる人たち
だったのは
知ってますよね
眞一さん
あぁ浜田宏一
先生だろ
知ってるけど
主流の考えでは
ないよな

安倍総理は
彼らの言葉を信じ
３本の矢の
アベノミクスを
スタートさせた
わけですよ
①「異次元の緩和」
②「機動的な財政出動」
③「新たな成長戦略」

消費増税、有識者の賛否
現行案に賛成
あなたたちの
信じている
御用学者
ではなくね

そして日本銀行も
その要請に応えて
お金をいっぱい
刷った
お金を刷って
インフレになる
(物価が上がる)
なら今の
日本にとって
正しい政策
でしょ!
(日銀の目標
インフレ率は
2%)
みんな
デフレで
物価が下り
売上げと所得が
下がって
困ってるん
ですからね!
664万円
1997(消費増税)
655万円
529万円
一世帯あたりの
平均所得金額の推移
出典:厚生労働省
国民生活基礎調査
650万
600万
550万
500万
450万
1986
1988
1990
1992
1994
1996
1998
2000
2002
2004
2006
2008
2010
2012

あなた達が
「国民一人当たり
○○万円の借金」という
表現をするから誤解して
しまうけど
本当は
政府がお金を
使ってくれれば
国民は潤うんです!
第二の矢
「機動的な財政出動」
公共事業をたくさん行う
政府の支出が
国民の資産に
なるんです!

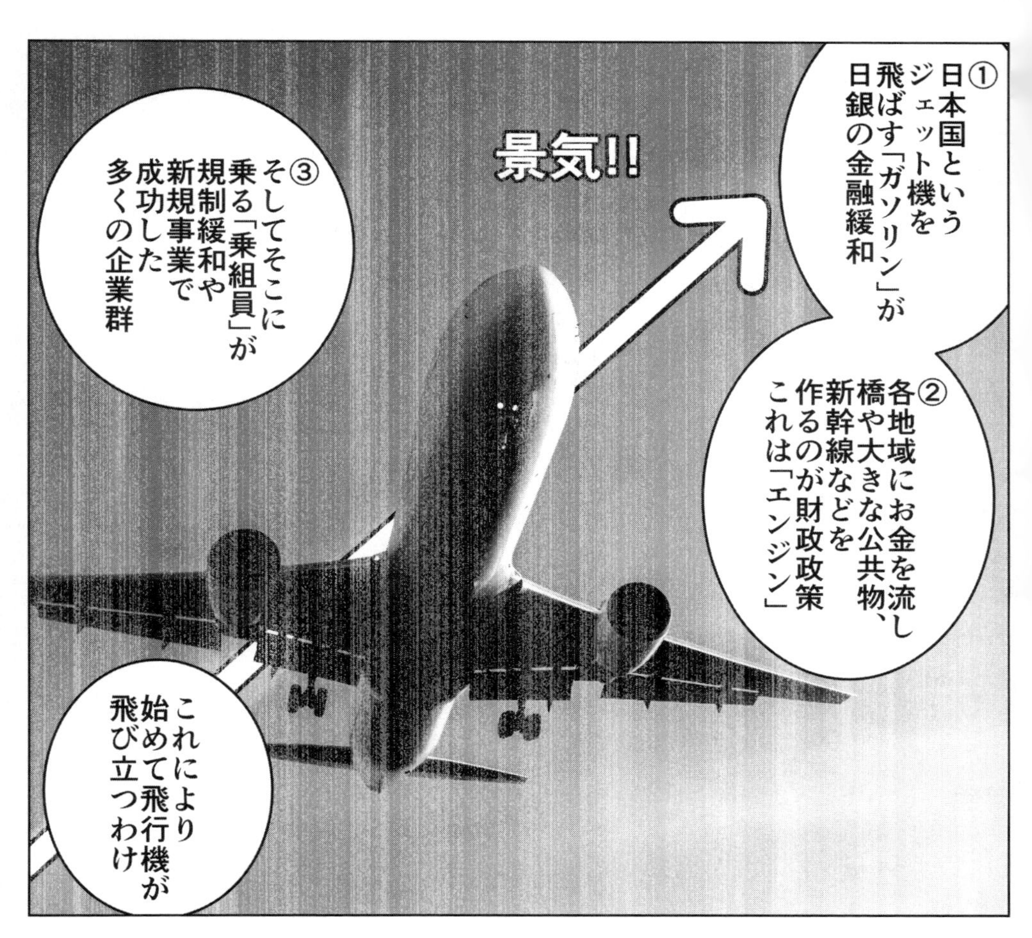
①日本国という
ジェット機を
飛ばす「ガソリン」が
日銀の金融緩和
景気!!
②各地域にお金を流し
橋や大きな公共物、
新幹線などを
作るのが財政政策
これは「エンジン」
③そしてそこに
乗る「乗組員」が
規制緩和や
新規事業で
成功した
多くの企業群
これにより
始めて飛行機が
飛び立つわけ

なのに
あなたたち
財務省寄りの
政治家や学者が
やったことは
ガソリンを
減らせ!
(日銀にお金を
刷るのを
やめさせろ!)
エンジンを
止めろ!
(全国に流す
お金をストップ
しろ!)

ギャンギャン言って
スピードを
落とさせたのは
一体だれなの？
エンジンが
高回転して
ガソリンが
潤沢だからこそ
離陸できるんでしょ
うぅぅ!!

さらに国債の
暴落について
言わせて!!!
は…
はひ！

確かに政府の
借金が増えて
破綻に迫って
いくにつれ
信用が低下して
金利が高まって
いくのが常識
だというのは
わかります！
でも日本には
あてはまらない！

今日本国債の金利は0.1%です!!
すご〜く利率が低いですよねぇ?
日本の場合借金が増え続けているにもかかわらず金利は下がり続けている!
そ…そんなバカな!!ありえない!
長期金利
政府の長期債務残高(兆円)

これだけ借金が増えてなぜ金利が上がらないのか
日本の政治や経済が安定してて財政破綻する恐れがないってことですよね

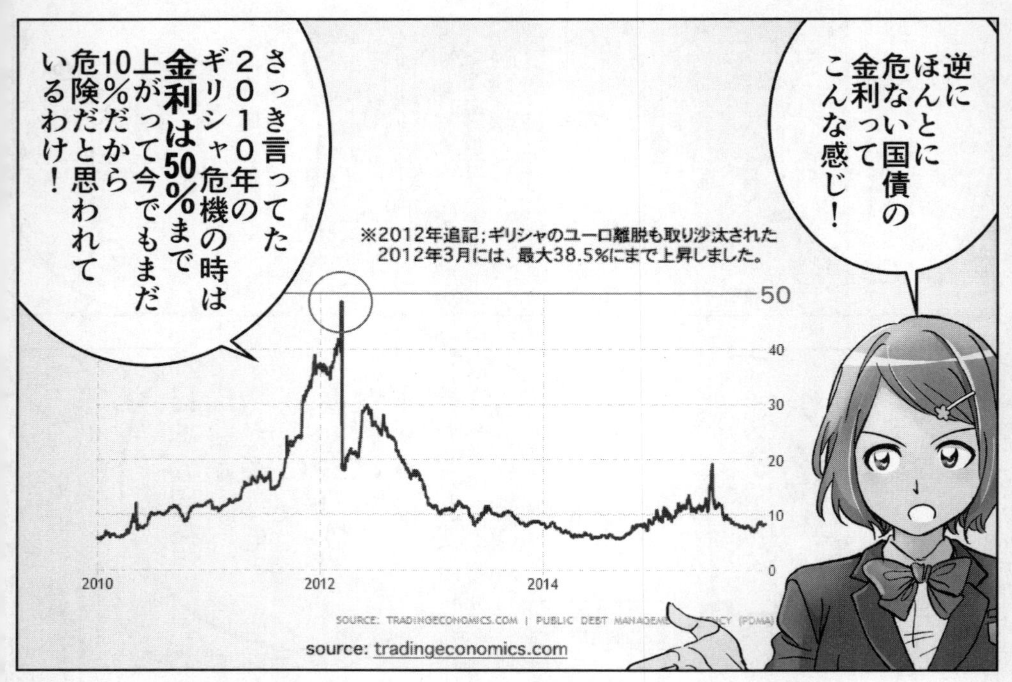
逆にほんとに危ない国債の金利ってこんな感じ！
さっき言ってた２０１０年のギリシャ危機の時は金利は50％まで上がって今でも10％だから危険だと思われているわけ！
※2012年追記；ギリシャのユーロ離脱も取り沙汰された2012年3月には、最大38.5%にまで上昇しました。
50
40
30
20
10
0
2010
2012
2014
SOURCE: TRADINGECONOMICS.COM | PUBLIC DEBT MANAGEMENT AGENCY (PDMA)
source: tradingeconomics.com

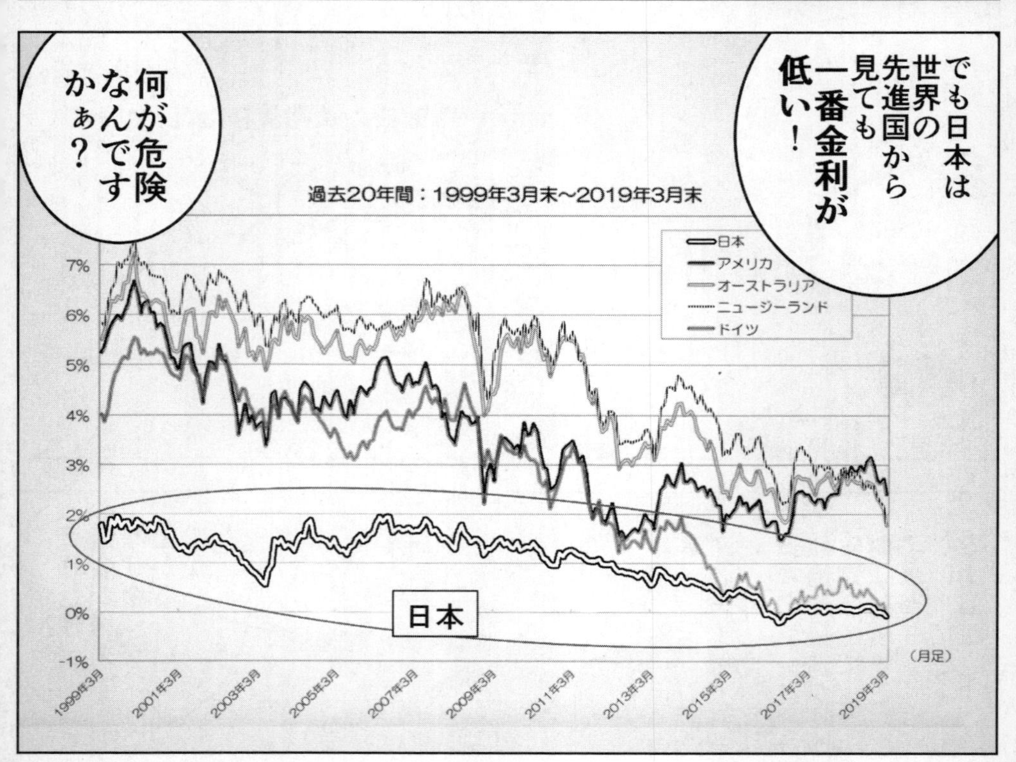
でも日本は世界の先進国から見ても一番金利が低い！
何が危険なんですかぁ？
過去20年間：1999年3月末〜2019年3月末
日本
アメリカ
オーストラリア
ニュージーランド
ドイツ
7%
6%
5%
4%
3%
2%
1%
0%
-1%
日本
(月足)
1999年3月
2001年3月
2003年3月
2005年3月
2007年3月
2009年3月
2011年3月
2013年3月
2015年3月
2017年3月
2019年3月

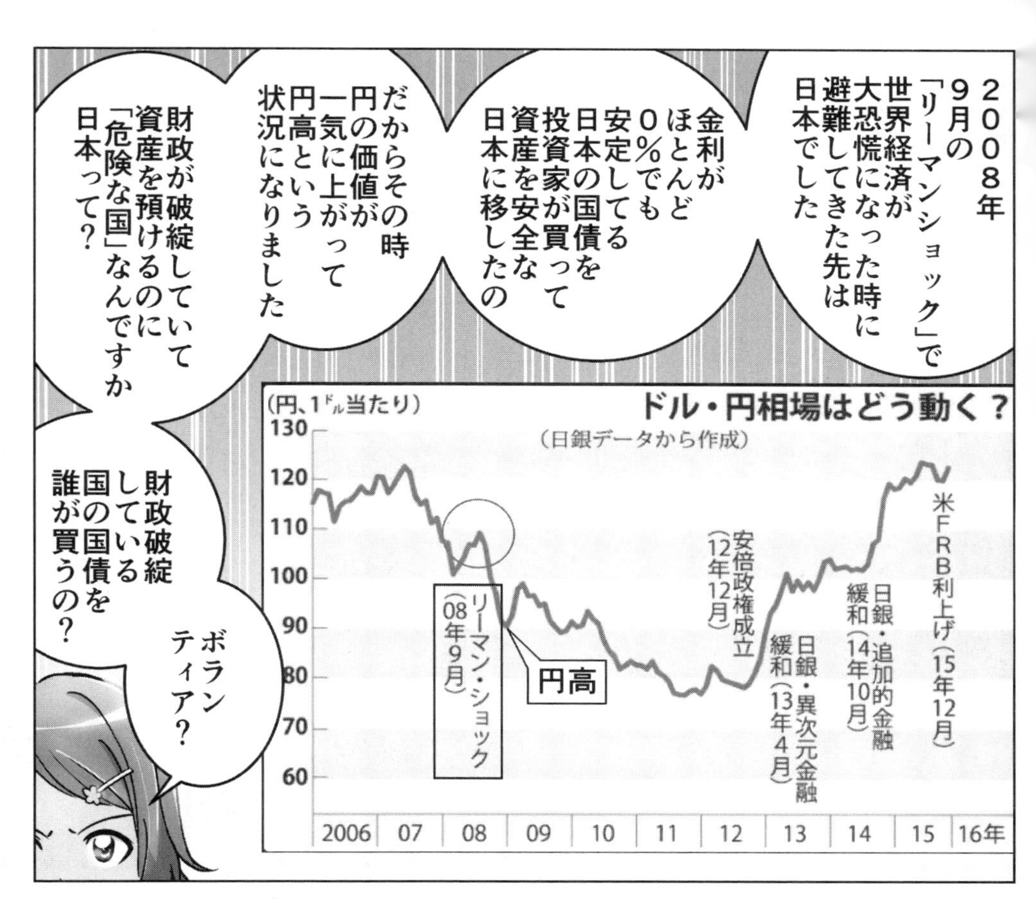
2008年9月の「リーマンショック」で世界経済が大恐慌になった時に避難してきた先は日本でした
金利がほとんど0%でも安定してる日本の国債を投資家が買って資産を安全な日本に移したの
だからその時円の価値が一気に上がって円高という状況になりました
財政が破綻していて資産を預けるのに「危険な国」なんですか日本って？
財政破綻している国の国債を誰が買うの？
ボランティア？
(円、1ドル当たり)
ドル・円相場はどう動く？
(日銀データから作成)
130
120
110
100
90
80
70
60
リーマン・ショック(08年9月)
円高
安倍政権成立(12年12月)
日銀・異次元金融緩和(13年4月)
日銀・追加的金融緩和(14年10月)
米FRB利上げ(15年12月)
2006
07
08
09
10
11
12
13
14
15
16年

どうせ財務省と経済学者にそう言われただけでしょ！
そ　そうだよ！
私にそこまで詳しくわかるか！

大体「ハイパーインフレーション」って正しくはインフレ率13000%のことでしょう！
つまり物価が1年で「130倍」になるってこと!!?
ひあ!!?

なんでいきなりそんなことになるの!!?
戦争でも起きたの!?
みんながよく知らない認識も人によって違うあいまいな言葉を使って不安にさせるのはやめなさいよ!!

あと話変わるけどこの4月からあなたたち公共料金とか一斉に値上げさせたでしょう!
ヒッ!

他の商品は必死で量を減らしたりして値段を変えないようにしているのにお給料も上がらないのに公共料金だけ上がるってどういうこと?
食品 生命保険 医療費 介護費 公共料金
4月の「一斉値上げ
丸わかり表
一部医療機関の初診料 800円値上げ
一部医療機関の診療費 最大 月4000円値
介護保険料 最大 月1000円程度値上げ

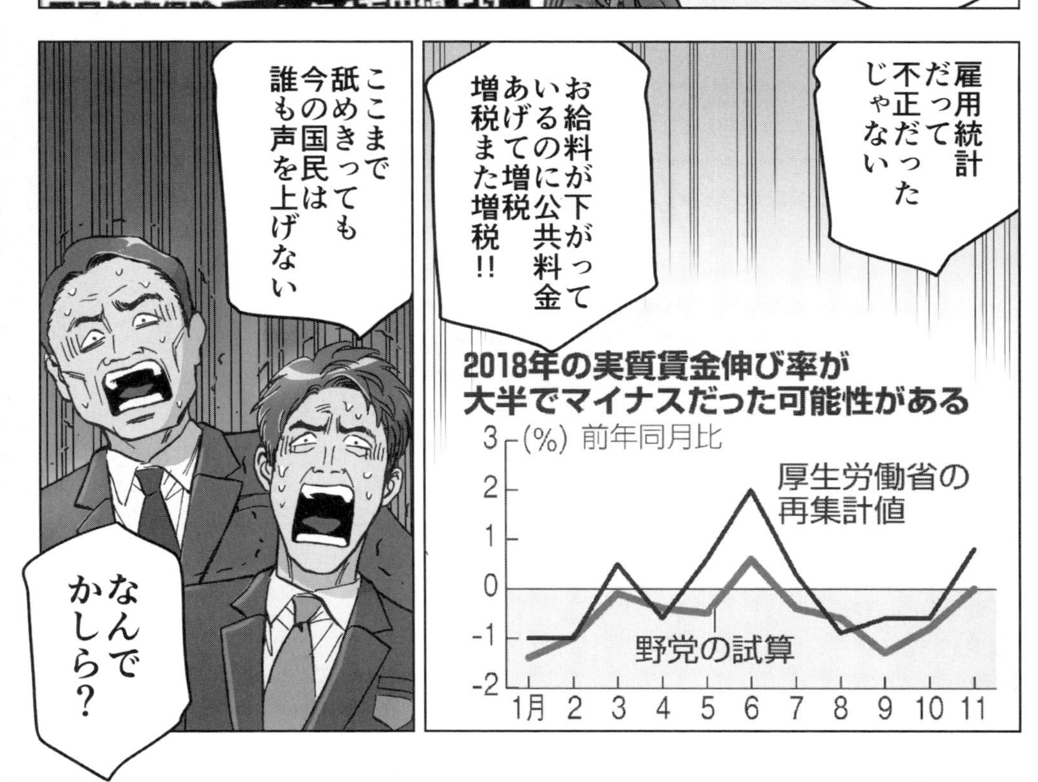
雇用統計だって不正だったじゃない
お給料が下がっているのに公共料金あげて増税増税また増税!!
ここまで舐めきっても今の国民は誰も声を上げない
なんでかしら?
2018年の実質賃金伸び率が大半でマイナスだった可能性がある
(%) 前年同月比
厚生労働省の再集計値
野党の試算
3
2
1
0
-1
-2
1月 2 3 4 5 6 7 8 9 10 11

「財務省」が全部裏から世論をもマインド・コントロールしているからでしょ！
いい加減そんな財務省の顔色ばかりうかがっている2世3世の政治家は辞めるべきです！

消費増税ダメ絶対！
チーーーン
ほないきましょか！

校長…

あなたは我々を裏切るのですか…？

この学園のエリート達を教育してきたのはあなたのはずだ…
そのあなたがなぜあんな小娘に…
…我々が間違っていたのです…

これは私の償いです

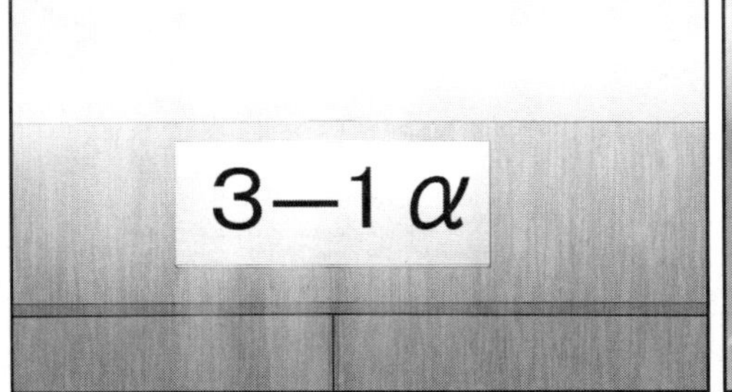
3—1α

ゴゴ
ゴゴ
3−1α

いやあ
キミ面白いネェ
3年1組「α」
セイヤ・ロレーヌ
IMF(国際通貨基金)理事
フランソワ・ロレーヌ

IMFの理事と
その息子…！
外人さん！

みんなボクほどの
エリートじゃないに
してもそこそこやる
連中のはず
よく全部倒して
ここまで来たネ

まあ
全部ふっかけ
られてきたん
ですけどね…
そういえば
そうか…！

あなたが
トップ？
悔しいが
違うヨ

いやぁ
一体何が君を
それほどに
突き動かして
いるのかナァ

知りたいなら
話しても
いいですけど
いや
いい

もし僕に負けたら君は過ちを認めそして…
消費税への反対も君の大切な思いも
今後一切誰にも語らず墓場まで持って行くと約束できるならかかっておいでヨ

わかりました
約束します！

ザッ

# 第7話

# 国際金融機関のラスボス IMF理事登場! PB論の前に反撃の狼煙(のろし)をあげる!! ついにあさみちゃん過去の秘密が明らかに!

の巻

3−1α
IMF（国際通貨基金）はご存知ですね高橋さん
私はそこの理事をやっている者です
IMF理事
フランソワ・ロレーヌ
3年1組「α」
セイヤ・ロレーヌ

世界各国が困っていた時にお金を貸すことのできる唯一の国連組織!!
最後のお金の貸し手と言われる国家のための最終避難所
それがIMF！

IMFは国際金融並びに為替相場の安定化を目的として設立された国際連合の専門機関！
毎年加盟国189カ国のお金の状況をチェックするのも仕事のうちなのサ！
INTERNATIONAL
RY FUN

日本はね
もう毎年の
国のGDP
(国内総生産)の
2倍以上の
赤字があるのです
私たちは今の時代
経済成長よりも
「国のお金が赤字に
ならない」ように
チェックする

その目標が
「プライマリーバランス」(Primary Balance)
というものなの
税収
社会保障費
地方交付税交付金
公共事業
防衛費ほか
支出より収入が
多いほうがいいのは
当然でしょう?

この子が将来自分の給料の倍以上のお金を毎月使ってたらもうわたしブチ切れちゃうわよ♪
そんなおバカなことするわけないじゃないカママ
仲良いな…

今の日本は身体にたとえるなら血圧が通常の倍以上で
いつ脳卒中か心臓発作が起きてもおかしくない状態よ！
毎年の国の予算の赤字を減らす
それを最終的に何年間で黒字にするか健全にするか
これが今の世界各国の目標なの

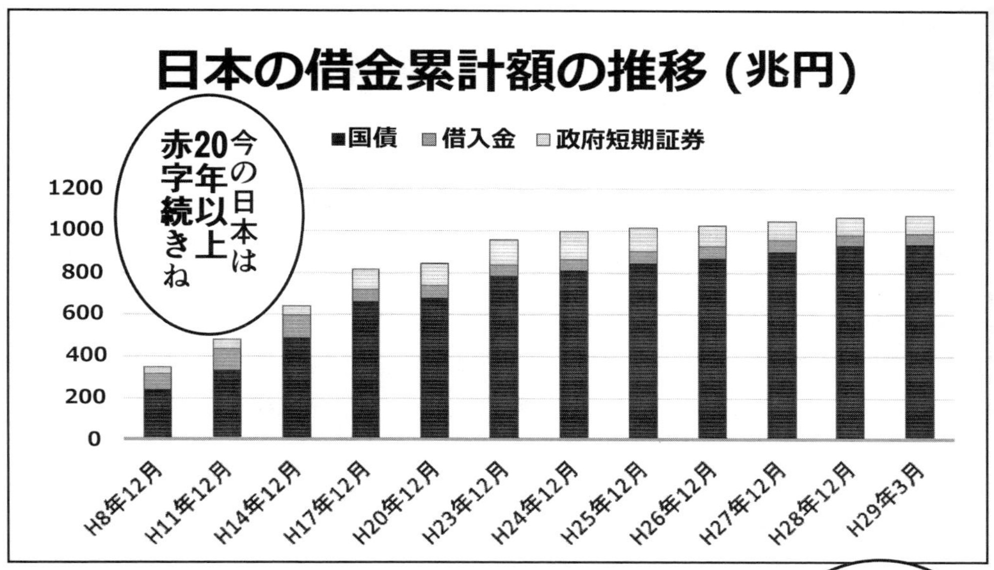
日本の借金累計額の推移（兆円）
■国債 ■借入金 ■政府短期証券
1200
1000
800
600
400
200
0
H8年12月
H11年12月
H14年12月
H17年12月
H20年12月
H23年12月
H24年12月
H25年12月
H26年12月
H27年12月
H28年12月
H29年3月
今の日本は20年以上赤字続きね

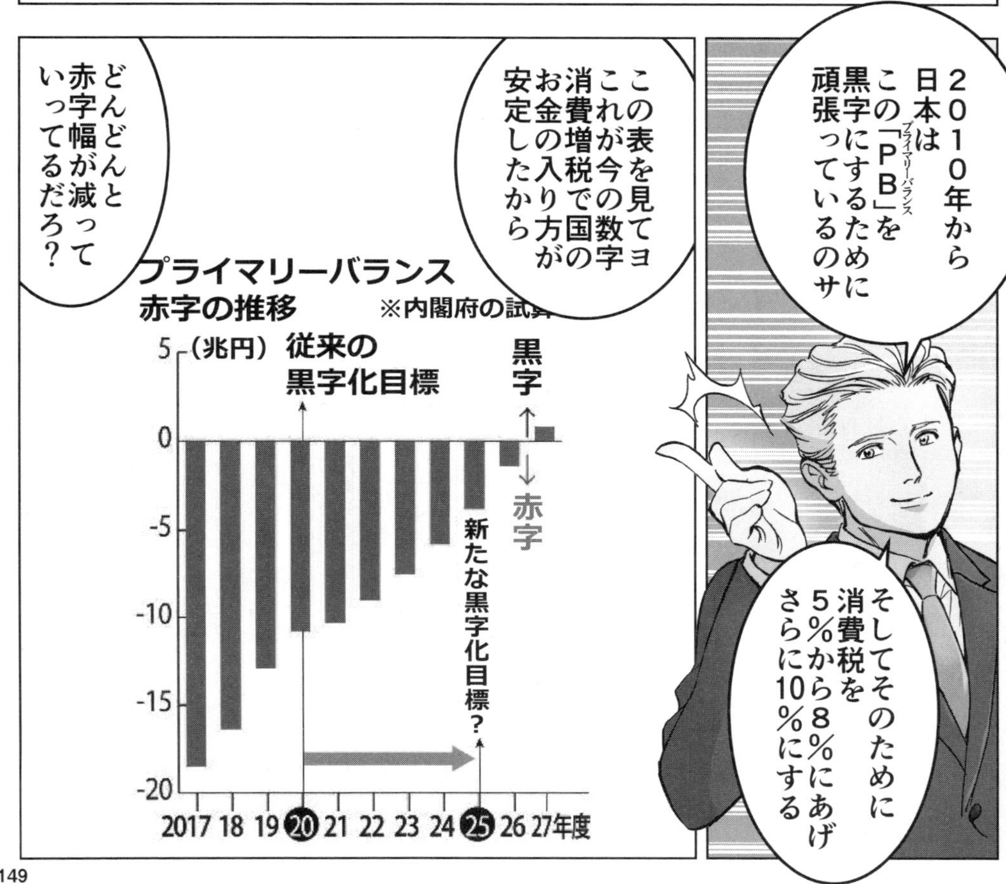
2010年から日本はこの「PB（プライマリーバランス）」を黒字にするために頑張っているのサ
この表を見てヨ これが今の数字 消費増税で国のお金の入り方が安定したから
どんどんと赤字幅が減っていってるだろ？
そしてそのために消費税を5％から8％にあげさらに10％にする
プライマリーバランス
赤字の推移
※内閣府の試算
5
（兆円）
従来の黒字化目標
黒字
赤字
0
-5
-10
-15
-20
新たな黒字化目標？
2017 18 19 20 21 22 23 24 25 26 27年度

日本の借金自体は
まだまだ減りそうも
ないけど
せ・め・て
毎年の予算ぐらい
きっちり黒字に
すべき！
というのが
「PB（プライマリーバランス）黒字化目標」
というものなのサ
それって
悪いこと
かい？

ＩＭＦは世界各国で
国の予算が
適正になるように
指導している機関
だから
世界の通貨の
番人でもある
ってわけサ
我々ＩＭＦは
日本の国家が
安定するために
消費税は15％は
最低必要だと
提言しているし
経済協力開発機構
（ＯＥＣＤ）は２０１９年
4月15日に公表した
対日経済審査報告書で
「消費税は最大26％に
引き上げる必要がある」
と指摘している
なんかどんどん
増えてない…!?

日本はこれから高齢化による人口減少で実質国内総生産は今後40年で25％以上落ち込むわ
経済成長といっても人が増えないなら今あるお金をしっかり管理しないと！
いつ国家が潰れるかわからないでしょ！

IMFは世界の発展と繁栄を未来永劫続けるためにある！
消費税は今の日本にとって国家運営の一番安定した税金なのサ！
わかったカナ？高橋さん！

!?

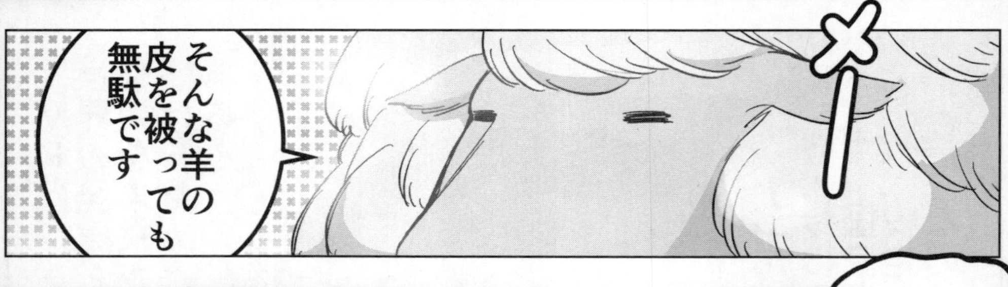
メー
そんな羊の皮を被っても無駄です

こっちは知っているんですよぉ？
IMF OECDと「財務省」の関係をねえぇぇ
ウゥ
ヌゥゥ
ブッブッブッ
なあぁぁぁ!!!?
まさか国際機関にまで!!?

IMFで働いている日本人は50人程度
毎年10数人は財務省から
天下ったり出向しているでしょう?
そのうちナンバーツーの副専務理事は必ず財務省からの天下り!
えええええ――!!!
どこにでもいるなほんとに!
理事のポストも持っていないかしら?

そ…そんなのは関係ない!私たちは毎年日本に調査に行き真面目にレポートを出している!!

OECDは現在ナンバーツーの地位に日本人（元財務官）がついていて
さらに各国の税金を調べる委員会の議長が元財務省出身でしょ
税金関係のトップが日本人って…完全に財務省中の人じゃん…
ウゥッ

IMFへお金を出しているのは日本が2番目で約2兆円
いいお客さんね！

「財務省中の人」が海外の偉そうな機関から好き放題レポートを書いても
それは完全に羊の皮を被ったオオカミじゃない!!!
財務省
国際機関
いつまでもそんな二人羽織みたいな外圧もどきで日本人を騙せると思わないでよ！

こいつ…！
なぜこれほどに
こちらのことを
知って
いるんだ…⁉

何者だヨ
こいつ…!!!

言っておき
ますけどね
私たちは今まで
75年間で
多くの国を
救ってきた！
1997年の
「アジア通貨危機」
のときだって多くの
国にお金を貸して
救ったのよ!!

今も多くの国が
ＩＭＦからの
資金を元に
国家を
再建している
世界を最も
救っている
国連組織こそ
ＩＭＦ
国際通貨基金！

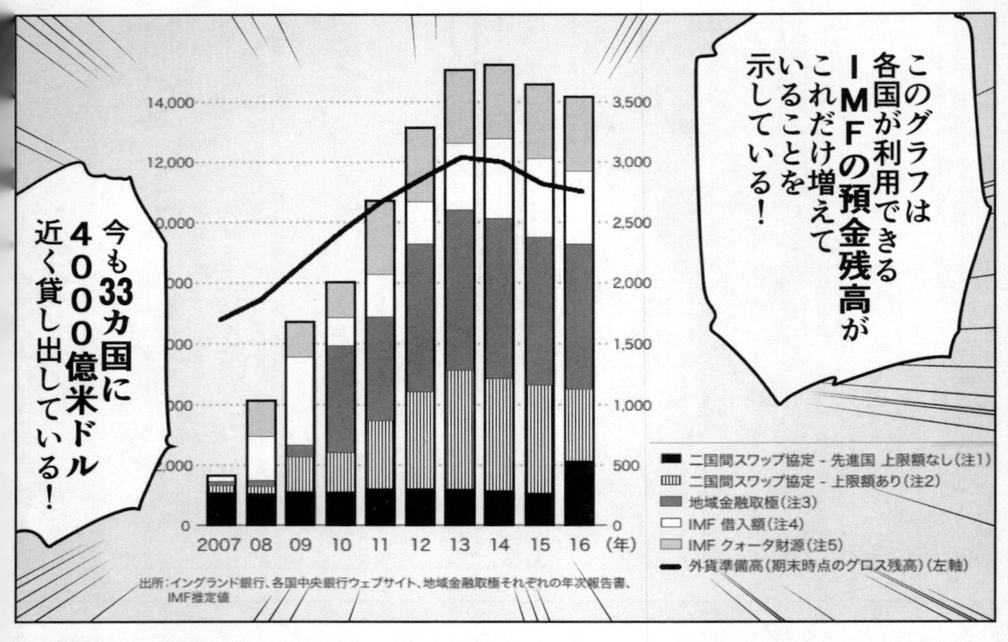
このグラフは各国が利用できるＩＭＦの預金残高がこれだけ増えていることを示している！
今も33カ国に４０００億米ドル近く貸し出している！
14,000
12,000
0,000
3,500
3,000
2,500
2,000
1,500
1,000
500
0
2,000
0
2007 08 09 10 11 12 13 14 15 16 (年)
二国間スワップ協定 - 先進国 上限額なし(注1)
二国間スワップ協定 - 上限額あり(注2)
地域金融取極(注3)
IMF 借入額(注4)
IMF クォータ財源(注5)
外貨準備高(期末時点のグロス残高)(左軸)
出所：イングランド銀行、各国中央銀行ウェブサイト、地域金融取極それぞれの年次報告書、IMF推定値

あなたたちの言っている中の人が財務省だったとしても
ＩＭＦの存在意義やっていることは一つも間違っていない！
むしろ賞賛されている！

…さっきみたいに国を立て直すと称して国の予算を赤字から黒字体質にしたらうまくいくと思ってるわけ？
!!!
私思うんですよ

ＩＭＦって
悪の権化じゃないかなって

な…なんですって!!?

さっき言った1997年の「アジア通貨危機」
特に悲惨だったのがインドネシア
100億ドルのＩＭＦ融資に調印
韓国やタイもＩＭＦの方針に従った
ＩＭＦはこれらを実施すれば景気の悪化を抑制できると主張していた
・財政支出削減
・増税
・銀行閉鎖
・金融の引き締めなど

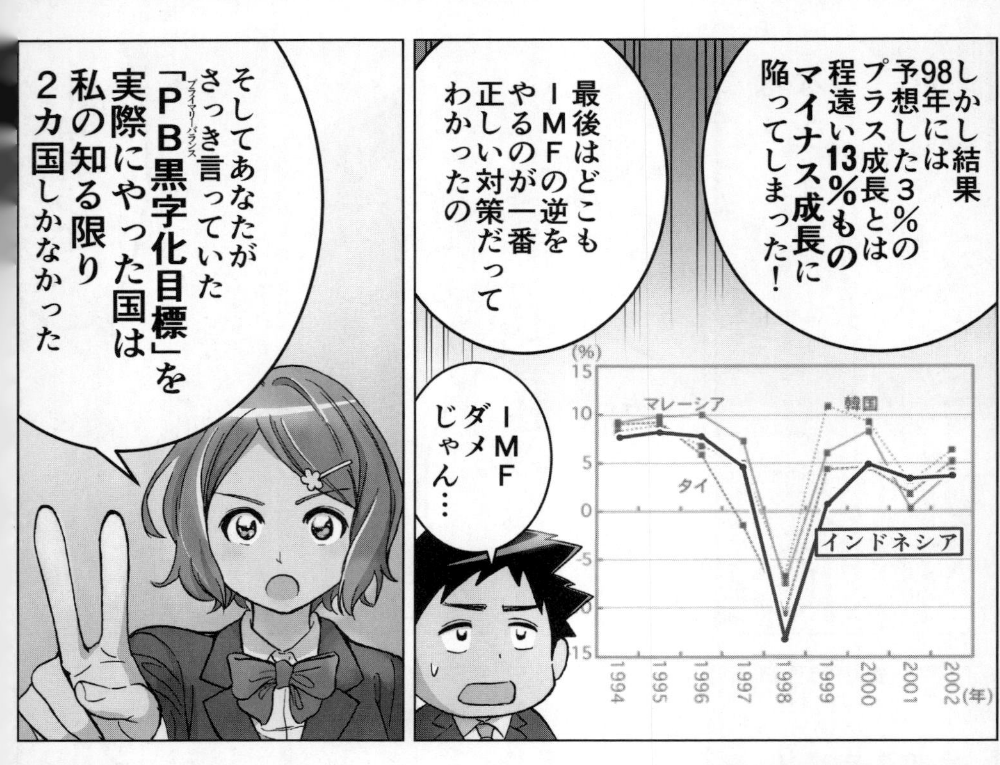
しかし結果
98年には
予想した3％の
プラス成長とは
程遠い13％もの
マイナス成長に
陥ってしまった！
最後はどこも
IMFの逆を
やるのが一番
正しい対策だって
わかったの
IMF
ダメ
じゃん…
(%)
15
10
5
0
-5
マレーシア
韓国
タイ
インドネシア
1994
1995
1996
1997
1998
1999
2000
2001
2002
(年)
そしてあなたが
さっき言っていた
「PB黒字化目標」を
プライマリーバランス
実際にやった国は
私の知る限り
2カ国しかなかった

アルゼンチンと

観光スポット
ナンバーワンの
ギリシャよ！

この2つの国はＩＭＦの言った通りまじめに
まじめに「財政再建」に取り組んだの
そしたら…
そしたら……？

財政破綻したの
!!!?

え…なに…？
なんだって？

いや政府が財政破綻したの
財政再建に取り組んだのに⁉

…っ!!!
さっきからその顔なんなの⁉

この2つの国で起きたことを見てみましょう！
た…高橋先生!!

アルゼンチンは
1980年に
経済が大混乱
ギリシャは
2008年の
リーマンショックで
経済が落ち込んだ
そして
どちらも
IMFがお金を
貸して
徹底的な
「PB黒字化作戦」を指示します
プライマリーバランス

そして
必死で彼らは
「増税」し色々な
「予算のカット」を
したのです
節約!!
税収!!
その結果
どちらも…

財政破綻して
しまいました!
デフォルト
DEFAULT!!!
ギリシャ
2015年
アルゼンチン
2001年
だから
なんで!?

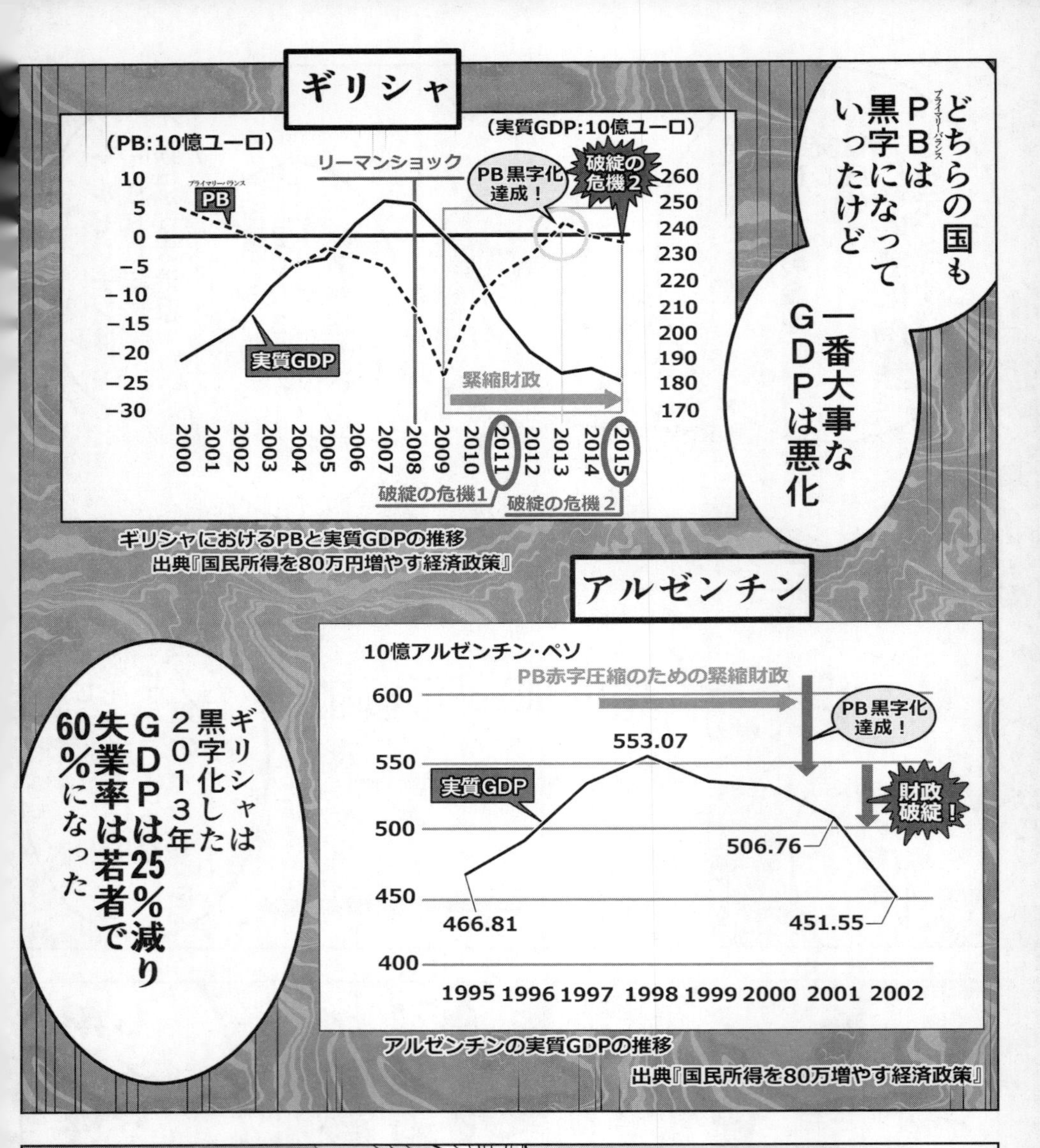
どちらの国もPBは黒字になっていったけど
一番大事なGDPは悪化
ギリシャ
(PB:10億ユーロ)
(実質GDP:10億ユーロ)
リーマンショック
PB黒字化達成！
破綻の危機2
PB
実質GDP
緊縮財政
破綻の危機1
破綻の危機2
ギリシャにおけるPBと実質GDPの推移
出典『国民所得を80万円増やす経済政策』
アルゼンチン
10億アルゼンチン・ペソ
PB赤字圧縮のための緊縮財政
PB黒字化達成！
553.07
実質GDP
財政破綻！
506.76
466.81
451.55
アルゼンチンの実質GDPの推移
出典『国民所得を80万増やす経済政策』
ギリシャは黒字化した2013年GDPは25%減り失業率は若者で60%になった

それがわからない…
なぜPBを黒字化すると財政破綻するのか…

結局国家の黒字体質っていうのはね
徴税
支出
政府が支出するお金より国民から取るお金(税金)のほうが多くなるってことなの！

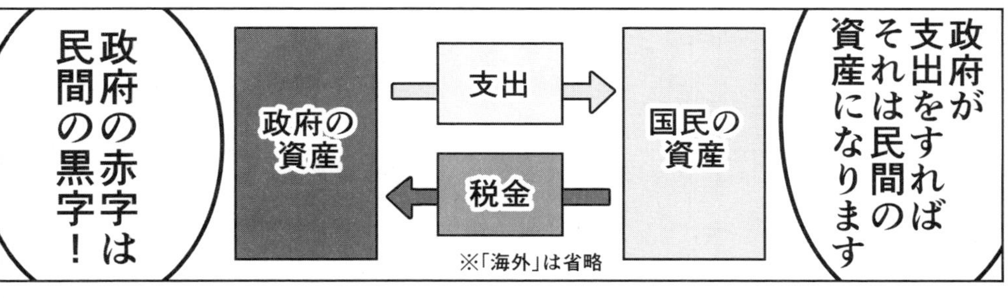
政府が支出をすればそれは民間の資産になります
政府の資産
支出
税金
国民の資産
※「海外」は省略
政府の赤字は民間の黒字！

政府が赤字を減らそうとすればするほど国のお金の流れは止まる
そうすると川が干上がったようにそこで生活していた人が苦しむ
なのにさらに税金は増える！
お金もなくなり買い物(しょうひ)も減る！

そして死に至るという事実をこの2つの国が証明してくれています！
誰も幸せにしない！
これが「PB黒字化」の真実です！
そしてこの「PB黒字化」のための答えのひとつが

「消費増税」
というわけ！

…!!!
な…!!
なんという
無責任な…!
安倍総理は
2013年に
「PB(プライマリーバランス)を2020年
までに黒字化する」
と国際公約している
のよ!?
日本の信用が
なくなりますよ!?
これが
「消費増税」の
根本にある
考え方…!!

間違ってると
はっきり
わかったなら
当然軌道修正
するべきです!
2010年に
IMFの
ストロスカーン
前専務理事だって
アジア通貨危機の
対策を「過ち」
と認めている
じゃない!
では政府の
赤字は!!?
どんどん
増え続けても
いいというの!?

…1975年戦後2度目の赤字国債を発行したとき大平正芳蔵相は「万死に値する」「一生かけて償う」と言ったそうですが

その後政府の負債は1970年の152倍になった!
!!?
でも別に困ったことなんて本当はなにもないんです!
金額の問題じゃないの!
政府の長期債務残高（兆円）
2018
1970
1975

IMF（あなたたち）の発表した日本の公的部門のバランスシートだって資産と負債は同等で財政は何の問題もないじゃない!
そ…それは…!
金融資産
総非金融資産
年金以外の債務
年金債務
資産
負債
総非金融資産
金融資産
年金以外の債務
年金債務
純資産
日本財政破綻は
日本の財政破綻は
絶対にありえない!!

「消費税弱者」という言葉があるの
前日銀副総裁岩田規久男氏が言っていた言葉

今の時点で年金受給をしている人たちで年収130万円程度の人たちが4000万人
そして非正規労働者で年収280万円前後の人たちが2000万人
合計6000万人
日本の人口の半分です
彼らがもし一番やってほしくないことを聞かれたら

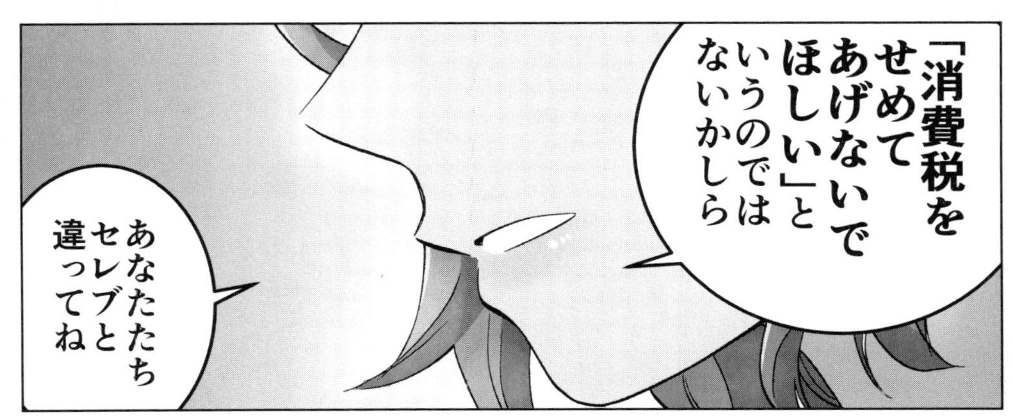
「消費税をせめてあげないでほしい」というのではないかしら
あなたたちセレブと違ってね

IMFの
権威が…
ドドッ

IMFという
頂点に立った
私の立場が…

もういいヨ
ボクたちの
負けダ
おかしい気は
してたんダ

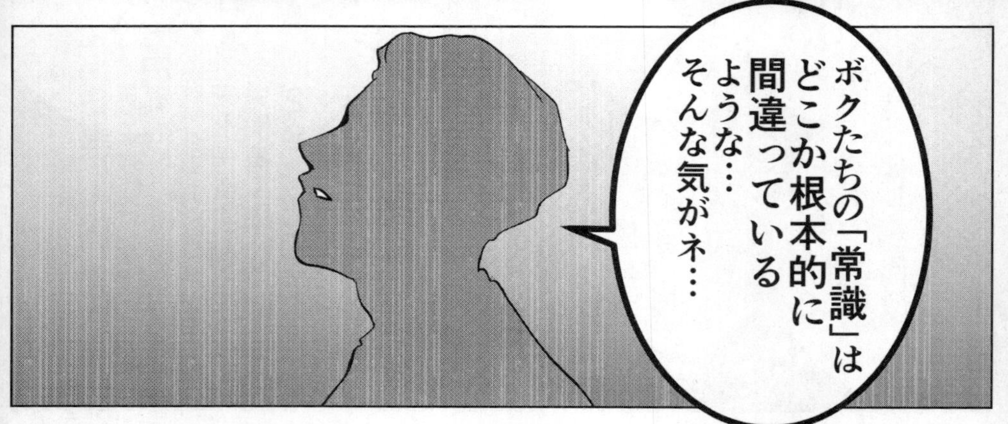
ボクたちの「常識」は
どこか根本的に
間違っている
ような…
そんな気がネ…

教えて
ほしい
なぜ君は
それほどの
知識と
強い意志を
持って
いるのか

…わたしの
お父さん

財務省の
元官僚なの
!!!!
ダン!!
…お前…!
政府の黒字さえ
確保できれば
国民の生活は
どうなっても
いいと
言うのか…!

おいおい
人を悪党みたい
に言うな
我々は財務省の
「設置法」にも
あるように
「健全な財政の確保」
に努めているだけだ

いいか…！
経済政策は
間違えれば
大量の人を
殺すことだって
できるんだぞ…！
…お前は
財務官僚には
むいてないよ

――こうして
お父さんは
粛清（パージ）された

その後すっかり元気をなくしてしまったのだけど…
友人に請われて町工場の社長になってなんとか頑張ってた

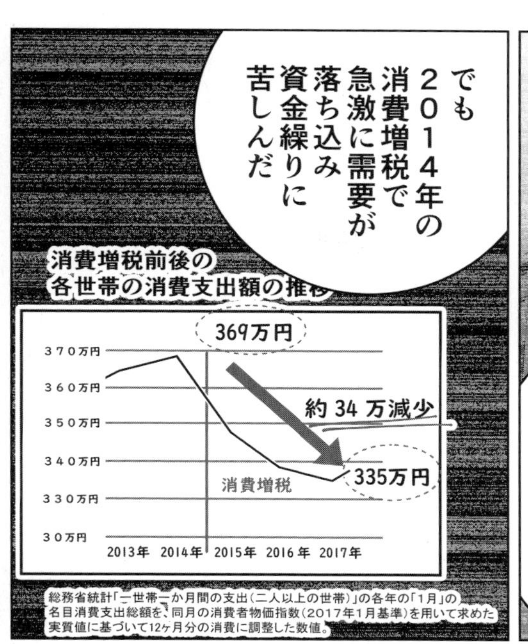
でも2014年の消費増税で急激に需要が落ち込み資金繰りに苦しんだ
消費増税前後の
各世帯の消費支出額の推移
369万円
370万円
360万円
350万円
340万円
330万円
30万円
約 34 万減少
335万円
消費増税
2013年 2014年 2015年 2016年 2017年
総務省統計「一世帯一か月間の支出（二人以上の世帯）」の各年の「1月」の
名目消費支出総額を、同月の消費者物価指数（2017年1月基準）を用いて求めた
実質値に基づいて12ヶ月分の消費に調整した数値。

ものすごい重圧だったと思う…

そんなある日出張先で電信柱に車でぶつかって…
亡くなったの

その後保険金は下りたけど工場は潰れた

…平坦な道で
ハンドルなんて
間違えるはず
ない…
もしかしたら
お父さんは…
だから
私は
お父さんを
追い詰めた
「消費税」と
根本にある
「財務省」を
絶対になんとか
しなきゃ
いけない！
そう
思ったの！

高橋さん…

高橋か…
懐かしいなあ
!!!
バ
ッ
いつの間に背後に…!
ドッ
なんかまたバトル漫画みたくなってきた…!!
ドッ
ドッ
昔はこの学園を卒業した後も3人でよく飲みに行ったものだ
なあ

後藤…
!!?
校長先生!?
お前まで高橋のように私に背を向けるか
せっかくこの「Z学園」の校長として未来の人材を「教育」する使命を与えてやったというのに…
後藤…財務省に騙されるな…
もうやめよう
高橋を殺したのは俺たちだ

あいつが
俺の目を
覚まさせて
くれた
そして
この子の
情熱が
俺の背中を
押して
くれたんだ
…校長
先生…
コツ
よか
ろう…
ケリを
つけよう
屋上の
「闘議場」で
待っているぞ
栗山剛重朗（56）
財務省・国税庁次長
栗山剛一
3年1組「α」
Z学園首席

# 第8話

# さようならあさみちゃん！ついに闘議場でファイナル・バトル!!

の巻

増税！
増税！

増税！
増税！

増税！
増税！
増税！
増税！
ドン

うわあ…超アウェイじゃん…
ワァ
アア
向かい風100m状態ね…

この学園の生徒たちは優秀な者ほど増税の必要性を理解している
当然教師たちもだ
そうだろう？後藤
…
すまない高橋君…
父上俺は…
栗山剛一（くりやまこういち）
3年1組「α」
Z学園首席
下がっていろ
ス…
…この「闘議場」は互いの考えをぶつけ合い決着をつける場…
栗山剛重朗（くりやまごうじゅうろう）(56)
財務省・国税庁次長

お前がやっている
ことは無駄なあがきだと
教えてやろう
高橋の娘よ
ザザ
…

…え…
まさか…!!

消費税は10月に必ず上がる

法律でそう決まっているのだ

いいえ!!

バババッ

2008年の「リーマンショック」級の不況が起きなければ…でしょう!?

すでに起きつつありますよ!

これらを合わせればリーマンショック級になりうる!

| | GDPの下落率 |
|---|---|
| ・トランプ政権の迷走 | 0.6% |
| ・中国経済の想定以上の減速 | 0.9% |
| ・英国EU離脱による欧州経済の悪化 | 0.7% |
| ・中東の混乱等を背景とする原油高 | 0.4% |
| ・残業規制の強化 | 1.0% |
| **合計** | **-3.6%** |
| **リーマンショックのGDP下落率** | **-3.7%** |

(さらに五輪不況、自然災害、極東有事…等、多様なリスクあり)

そもそも消費増税こそがリーマン級の衝撃をもたらす可能性が極めて高いんです!

アメリカからもやめさせようとしてる動きがあります
それでも本当に上げる気!!?

ふん危機を煽りたくて必死だな

それはそっちのほうでしょ!

あなたはなぜそれほど政府の赤字を恐れているの?

…なに?恐れているだと?

あなたたちが改めるべきはその「緊縮財政」です!!!
つまり性急な財政健全化のための無理な増税や政府の支出削減によって国民へのお金の流れを止めてしまうことです!

バカなことを！それでは政府の支出と税収のバランスはどうなる!!?
日本はいつ財政破綻するかわからんのだぞ！

そんなありもしない財政危機の心配より国民が豊かになるようにその優秀な頭脳を使ってよ！
そもそも「経済成長」すれば将来的にはもっと大きな税収になってかえってくるんです！

経済成長する保証などない！
あります！

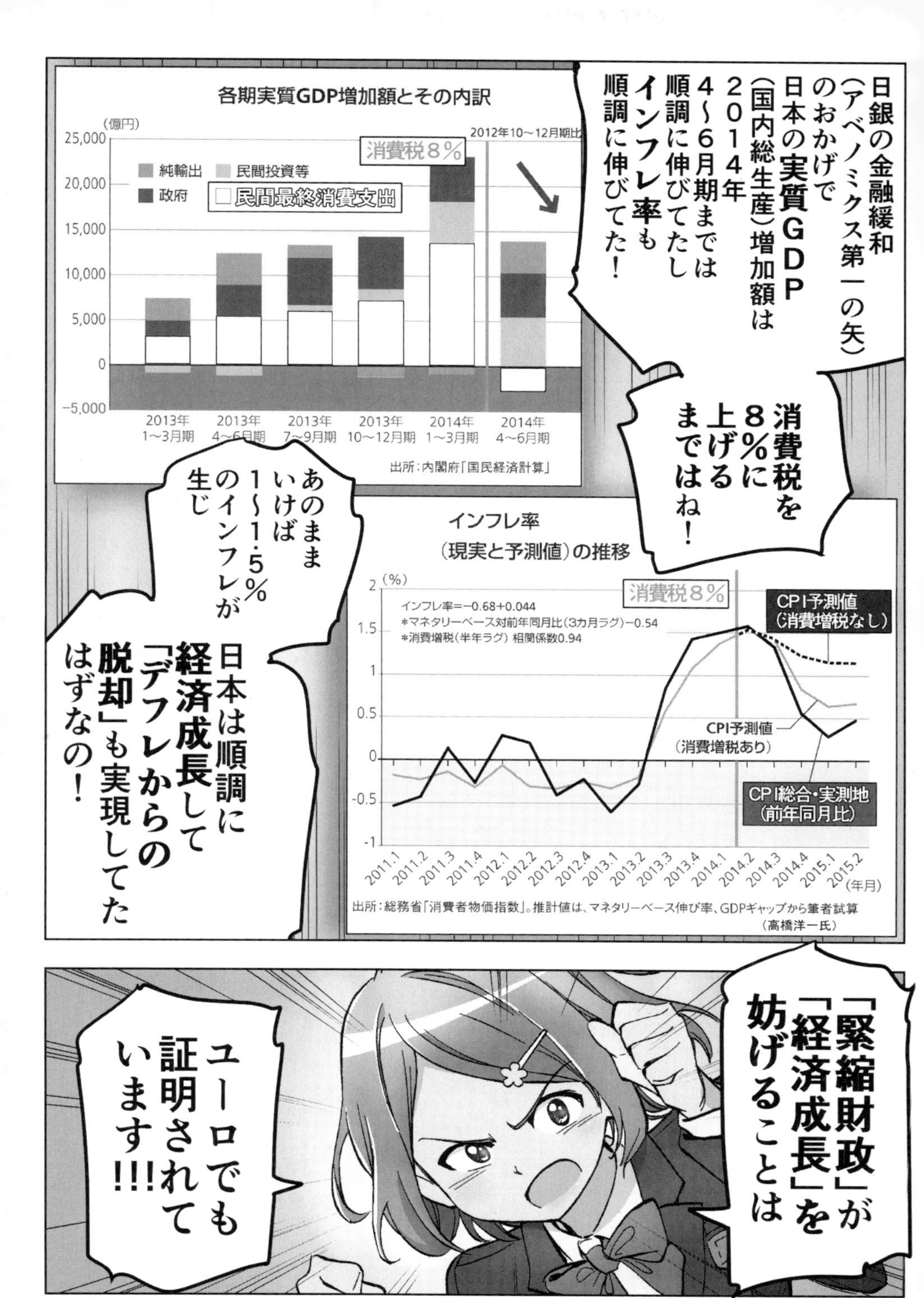
日銀の金融緩和（アベノミクス第一の矢）のおかげで日本の実質GDP（国内総生産）増加額は2014年4～6月期までは順調に伸びてたしインフレ率も順調に伸びてた！
各期実質GDP増加額とその内訳
（億円）
2012年10～12月期比
消費税8％
純輸出
民間投資等
政府
民間最終消費支出
25,000
20,000
15,000
10,000
5,000
0
−5,000
2013年 1～3月期
2013年 4～6月期
2013年 7～9月期
2013年 10～12月期
2014年 1～3月期
2014年 4～6月期
出所：内閣府「国民経済計算」
消費税を8％に上げるまではね！
あのままいけば1～1.5％のインフレが生じ
日本は順調に経済成長して「デフレからの脱却」も実現してたはずなの！
インフレ率（現実と予測値）の推移
（％）
消費税8％
インフレ率＝−0.68+0.044
＊マネタリーベース対前年同月比（3カ月ラグ）−0.54
＊消費増税（半年ラグ）相関係数0.94
CPI予測値（消費増税なし）
CPI予測値（消費増税あり）
CPI総合・実測地（前年同月比）
2011.1 2011.2 2011.3 2011.4 2012.1 2012.2 2012.3 2012.4 2013.1 2013.2 2013.3 2013.4 2014.1 2014.2 2014.3 2014.4 2015.1 2015.2
（年月）
出所：総務省「消費者物価指数」。推計値は、マネタリーベース伸び率、GDPギャップから筆者試算（高橋洋一氏）
「緊縮財政」が「経済成長」を妨げることは
ユーロでも証明されています!!!

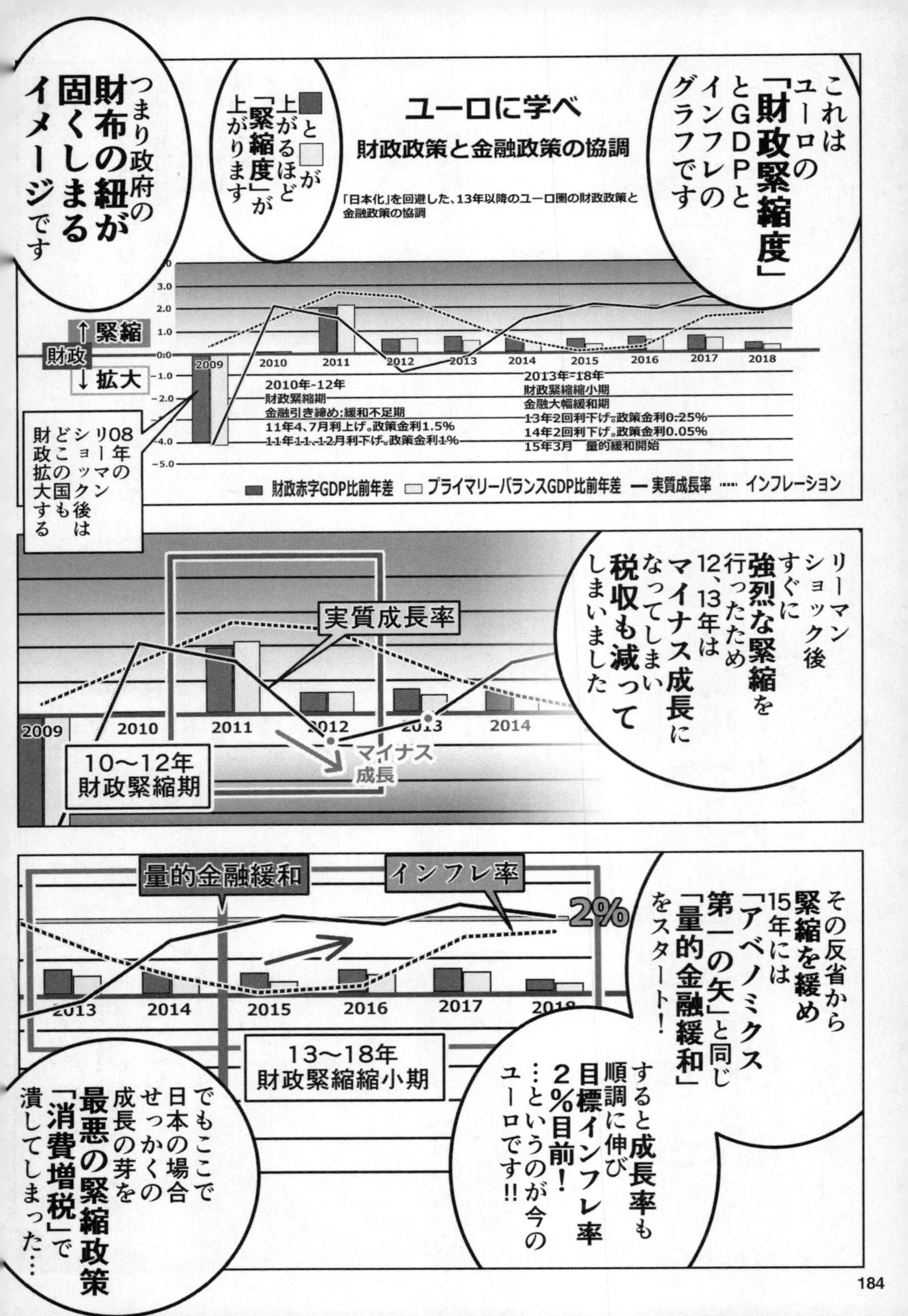
これはユーロの「財政緊縮度」とGDPとインフレのグラフです
■と□が上がるほど「緊縮度」が上がります
つまり政府の財布の紐が固くしまるイメージです
ユーロに学べ
財政政策と金融政策の協調
「日本化」を回避した、13年以降のユーロ圏の財政政策と金融政策の協調
↑緊縮
財政
↓拡大
2010年-12年
財政緊縮期
金融引き締め:緩和不足期
11年4、7月利上げ。政策金利1.5%
11年11、12月利下げ。政策金利1%
2013年=18年
財政緊縮縮小期
金融大幅緩和期
13年2回利下げ。政策金利0.25%
14年2回利下げ。政策金利0.05%
15年3月 量的緩和開始
財政赤字GDP比前年差
プライマリーバランスGDP比前年差
実質成長率
インフレーション
08年のリーマンショック後はどこの国も財政拡大する
リーマンショック後すぐに強烈な緊縮を行ったため12、13年はマイナス成長になってしまい税収も減ってしまいました
実質成長率
マイナス成長
10〜12年財政緊縮期
その反省から15年には緊縮を緩め「アベノミクス第一の矢」と同じ「量的金融緩和」をスタート！
量的金融緩和
インフレ率
2%
13〜18年財政緊縮縮小期
すると成長率も順調に伸び目標インフレ率2％目前！…というのが今のユーロです!!
でもここで日本の場合せっかくの成長の芽を最悪の緊縮政策「消費増税」で潰してしまった…

そんなでたらめなデータで国民を惑わそうとするのはやめろ!!!

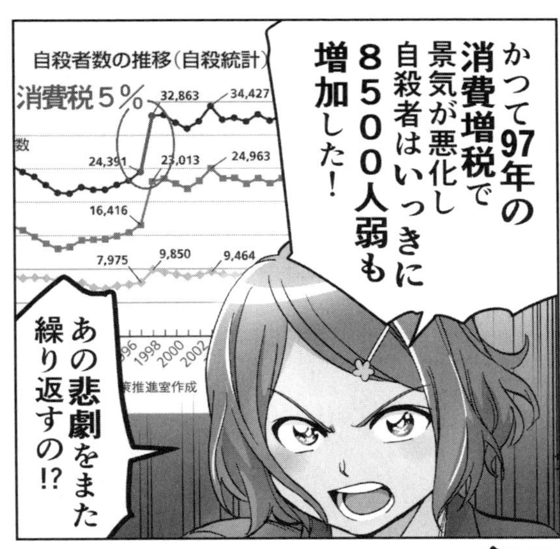
自殺者数の推移（自殺統計）
消費税５％
32,863
34,427
24,391
23,013
24,963
16,416
7,975
9,850
9,464
1998
2000
2002
かつて97年の消費増税で景気が悪化し自殺者はいっきに８５００人弱も増加した！
あの悲劇をまた繰り返すの!?

今やるべきは「緊縮の逆」をやり全力で「経済成長」することです!!!

違う!!!
経済を良くしたいなら「健全な財政を確保」することが先だ!!!

…すごい闘いだ…
とんでるし…

「経済主義」と「財政主義」
どちらを第一とするかの違いですね…

高橋サンが正しいヨ
栗山サン
!!!

ジェームズさん!!
ＩＭＦ理事
ロレーヌ親子
セイヤだよ

みんなも!!
政治家
中泉兄弟（なかいずみ）
教育長
中谷親子（なかたに）
ケイ団連
ヨッさん自動車
会長
四又親子（よつまた）
経済学者
胡桃沢親子（くるみさわ）
あれ…
なんか負けたのが
全然納得いかな
そうだった
人たちもいるけど…
お大名新聞
社長の娘
希望原あゆみ（きぼうがはら）
大丈夫

ぶったら言うことを聞いたわ
わしはあゆみちゃんの騎士(ナイト)として生まれ変わったのさ
オレもさアベ!
お…お父様…
下僕の間違いだろ!

政府は己の「財政」ではなく国民の「経済」こそ優先するべきなんだ
君のおかげで目が覚めたヨ
…ジェームズさん…
…キミ経済以外のこと興味ないの…?

若いころの私は
確かに財務省に
認められたくて
勉強会に
参加していた
でも一度消費税の
違った面を論文に
書いたら一年間
勉強会に呼ばれず
人づてに
「胡桃沢は終わった」
と聞かされ…
私は怖く
なったのだ

だが私はもう
自分に嘘は
つきたく
ないのだ！

最近じゃ
現代貨幣理論
という新たな
経済学が話題に
なっているのは
知っているか？
Modern Monetary Theory
MMT

あの数式の
裏づけもない
とんでもも理論か
…フン
私に
はむかった
ことを後悔
させてやる！

一生地べたで
小銭の計算でも
していろ!
ゴッ

ピローン♪
む?

ぬぅあああ
にぃいいいぃ
!!?
「特ダネ!」
Z大学教授
「マッスル不倫」!!!
経済学者としても
人間としても
「信用できない」
ドーーーン
ピキ
親父―――!!?
どういう
ことだよ!!

こ…
これは…?
ギッ

栗山!!
卑怯なまねをするな!
正々堂々と議論をすべきだ!

黙れ後藤!

ん?
チャラーン♪

ああー!!
校長先生が援交してるー!!!!
スクープ!
「Z学園校長
女子高生と
援助交際か」
ええ!?
いやこれうちの娘!!
ドーン!!

すみませーん
例の記事のことでお伺いしたいのですが
うわああ!!!!

与党議員
「オトモダチ」に
国有財産
払い下げ関与か
ド
ーン
なあああ!?
なんのことだ!?

ヨッさん
自動車会長
「巨額脱税」
発覚
ゴー
ーン
ぎゃああ!!!
なぜばれた!!!
このおっさんほんと最悪だな!!!

IMF
理事の息子
ヨッさん自動車
令嬢と
「結婚を前提に
お付き合い」
おい
マジかよ!
ディーン!!
なんで教えてくれねぇんだよセイヤ!
ステキ!
ヒューヒュー
おいおいよしてくれヨ
恥ずかしいじゃない!
…!!!?

一体どうなってるんだ…？
わしらは…？
♪♫♩
!!!
あ！お母さん!?
しもしも!!?
大変よあさみ
兄さんの会社に国税庁から急に税務調査がきて…
ド
ド
ド
納期が迫ってるのに仕事が全然進められなくて…
ド
ド
ド
あなた…
まさか財務省に目をつけられたの…？
…どうした？困ったことでも起きたか？
ド

お待ちくださぃ！
私はやつらに言われて仕方なくここにいるのです！

どうか恩情を・・・!!

ダメだ
貴様らの政策の予算も見直さなければいかんな
!!!!
そんな・・・!!!

予算がないとなにもできません!!
それだけはご勘弁を!!!
情けないこと言うんじゃないの！
ゴキ!!
ぶつわよ！
いたい!!!

元財務官僚の
高橋洋一氏は
こう語る
かつて財務省が
推進していた
法律を廃案にした
金丸信(当時
自民党副総裁)
という政治家が
その後脱税事件で
逮捕された
これは完全に
財務省が
仕掛けたもので
金丸信を貶めた
ときにはみんなで
祝杯をあげたと
言う…
他にも財務省が
仕掛けた
スキャンダルは
数多くある
…後悔しても
もう遅い
…!!
我々に逆らった
やつらは全員
粛清してやる
我々は
軍隊並みの
組織力に
圧倒的な
情報網
さらに
「予算編成権」と
「徴税権力」を
持っている

お前の親戚の会社…
なにか不備が見つからないといいがな…

我々は事実上この国の最強の組織なのだ!!!

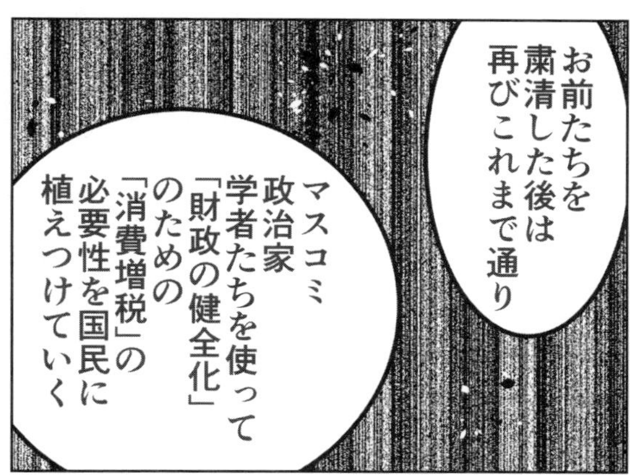
お前たちを粛清した後は再びこれまで通り
マスコミ政治家学者たちを使って「財政の健全化」のための「消費増税」の必要性を国民に植えつけていく

増税!
ア
お前個人がどうあがいても我々(財務省)に敵いはしない
増税!
ア
上っげっろ!
ワ
上っげっろ!
諦めるがいい
高橋の娘よ

…ぶっつけだけどやるしかないよね…

あなたたちを倒すにはもうこの技しかない…!!
…なに!?
バッ

オ
オ
オ

た…高橋さん…?
一体何をやろうとしてるんだい…?
オ
オ
オ

大地よ 海よ
そして日本で生きているすべてのみんな…
このオラにほんのちょっとずつだけ「消費増税に反対する気持ち」をわけてくれ…!!!
た…高橋さん!?
一体何をやろうとしてるんだい!?

「元気玉」だよ!!
ドン
ですよね!!?

財務省を倒すにはもうこれっきゃねぇ!
ドラゴンボールで悟空が使うやつね!?
え…高橋さん使えるの!?
うーんちょっと怪しい…
えー!!!
お父さんも界王様のところで修行したけどついに未完成のままだった…
どこまで本当の話!?

消費増税に反対する
みんなあああぁぁぁ!!!!
オラにみんなの力を
わけてくれぇぇぇ!!!!

ワァア　アァ

ダメだ…!!
高橋さんの声が
みんなに
届いていない!!
これじゃ…

…ふっ

はっはっは!!!
最後の切り札が
元気玉とは!!

元気玉は
私でさえ成功した
ことがない!!!
やって
みたんかい!!

ダメ…!!
日本の
みんなの
気持ちが
一つに
ならないと
彼らには
勝てない!!!

でも
どうしたら
いいの
どうしたら
日本のみんなに
私たちの声が
届くの…!?
セイヤ
さくら

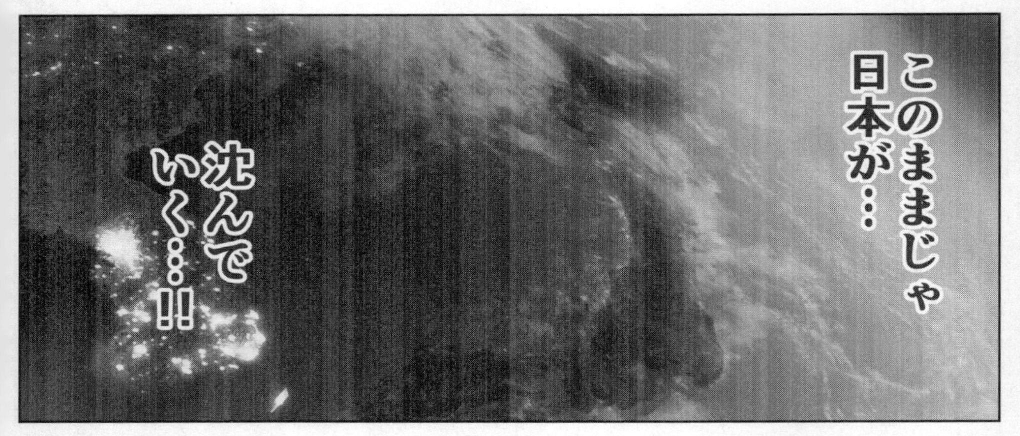
このままじゃ
日本が…
沈んでいく…!!

みんな聞いてくれぇぇ!!!
!!
私だ!

お大名新聞の希望原だ!!

今この戦いは「お大名テレビ」で全国に放映されている!
バン
!!?

これまでの
高橋君の活躍も
マンガボックス
インディーズや
YouTube等でも
アニメになって
アップされている！
さあ！
日本の国民に
呼びかけるのだ！
これを見た
人たちが続々と
真実に気がつき
つつある！
希望原あぁぁぁ!!!
貴様の会社を
徹底的に調べて
必ず脱税を
見つけてやる！
どんなミスも
見逃さんから
覚悟しておけ!!

う…
うるさい！
そうやって
脅迫したり
お前たちの
気に入らない
記事を書いたら
「ブリーフィング」
とかいって毎日
分厚い資料を
持ってきて
ネチネチ
ネチネチ…
もう
たくさんだ！
やつを
取り押さえ
ろ!!!

私たちだけじゃ財務省の政治パワーに勝てない!!!
助けてみんなあぁぁぁ!!!
…いいのかな…
子供たちの未来のためにも…!!
仕方がないと思ってたけど
反対してもいいのかな…

まあ払わなくていいもんを払うこたあないわな!
みんながんばってる!日本はもっと豊かになっていいんだ!
我が国が衰退し没落していく姿を見るのは悲しい!!
日本に再び繁栄を!
悪いことしたのは謝る!
令和を素晴らしい時代に!!
国民のための経済学を!
母ちゃんごめん!
この国に国民を想う真のエリートを!

私たちのことは
気にせず存分に
戦いなさい
あさみ！
がんばれ
お姉ちゃん！
高橋さーん!!!

Make Japan
Great Again!!
（日本を再び
偉大な国に！）

!!!!

きっ
きた!!!!
でか!!!!

はなれてろベジ――タ!!!
ベジータはいないよ高橋さん!!!
消費増税はあぁぁ

凍結
せよ――!!!!
地球大丈夫!!?

これが…
日本国民の力…!?

私が敗ける…？…なぜだ…
私は…ただ己の使命のために…

オレはどこで間違えたんだ…？
なあ…
高橋…

父上…
いや親父

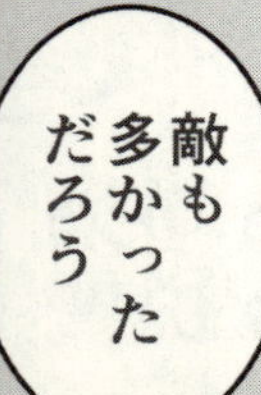
親父は目的のためなら冷酷で手段を選ばない男だ
敵も多かっただろう

だが家族を
お袋や俺たちを悲しませたことはなかった

勉強もよく見てくれたし
不倫などもってのほかだった
俺は尊敬しているぜ親父のこと
二人でまたやり直そう
…
…そうか…

――いやぁ
もうすぐ
消費税が
10%
ですねえ
やはり
財政や
社会保障の
問題もあり
ますからね
選挙が
どうなるかも
気になる
ところです

わたしは
嫌ですねえ
増税には
いろいろと
おかしな点も
ありますし
!!?
ちょ…
台本に
ないこと
言っちゃ…

おかしいと
思ってる人
多いですよ?
…
総理
お客様です
!

あ…
安倍総理…！
撤廃を求める署名
中谷元気
栗山 剛重郎
フィリップ後藤

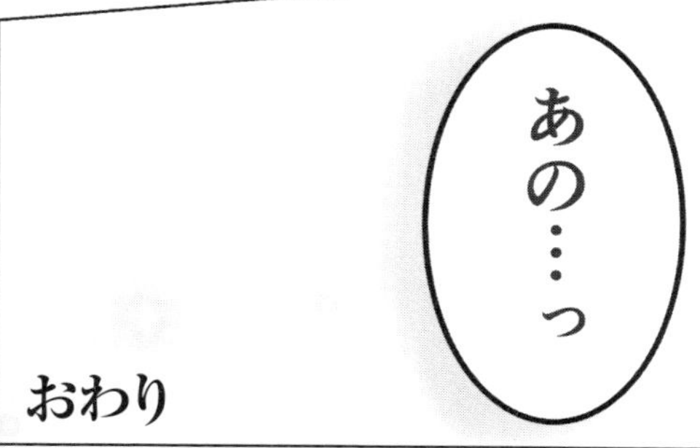
あの…っ
おわり

解説

# おかしいものをおかしいと言い続ける勇気

藤井聡

**今、日本で何よりも求められているのは、まさにコレだったのだ**——大げさに聞こえるかもしれないが、筆者がこの作品をはじめて目にした時に感じた偽らざる率直な印象は、そういうものだった。

それは、この作品にまとめられている数々の「学術的真実」が的確だからだ、ということだけが、理由ではない。

そもそも消費増税が「いかに合理的でない、不条理なものなのか」については、おおよそ語り尽くされた感がある。だから漫画の形を取らずとも、十二分に読者に伝えることは本来、可能な状況になっている。

例えば筆者は、学術的な分析を徹底的に行ったうえで、その結果を可能な限り平易な言葉やグラフを用いて消費増税の危険性を解説する書籍やネット記事等を配信してきたし、心ある学者、エコノミスト、評論家たちもまた、同様の努力を重ねてきている。

実際、筆者と日本銀行の元副総裁の岩田規久男氏とが消費増税の不条理性についてコメントを供出してくれないか声をかけたところ、四十名にも上る国内の経済学者やエコノミストの方々から多様な見解が供出されている（「消費税増税の『リスク』に関する有識者コメント」を参照）。それを一読した理性ある者ならば誰もが、このタイミングでの消費増税など、自殺行為以外の何物でもないというのが、「真実」以外のなにものでもないと確認することだろう。

しかし、世論は未だ、変わってはいない。

未だに、多くの国民は消費増税はもう変えられないものなのだと認識し、もう仕方ないと諦めている。

いや正確に言うなら、多くの国民が諦めるどころか、消費増税を積極的に「支持」している。実に多くの良識ある国民たちが、少々自分が支払う金額が高くなっても未来の日本のためには、消費税を受け入れることが必要だ——と思っている。結果、実に健気にも、世のため人のため、とでも言わんばかりの気分で、実に四割前後の国民が消費増税に賛成しているのだ。

これはつまり、消費増税に賛成するのは社会的に望ましいことで、反対するのは望ましくない、という世間一般の風潮が濃密に存在していることを示している。

こういう政治的な問題についての空気はしばしば「**ポリティカル・コレクトネス**」、略して「**ポリコレ**」の問題と言われている。

例えば、民主主義が大切だよねとか、やっぱり独裁はダメだよね、とかいう話は、日本の普通の人たちとの会話の中では、当たり前のことになっていて、これに反するようなことを言うと、眉を顰められ、批難されてしまうことになる、というのが「ポリコレ」と呼ばれているものの典型例だ。

そして今の日本では、「将来のために、消費増税が必要だよね」という意見は「ポリコレＯＫ」で、「消費増税なんてダメだ」というような意見は、わがままで不道徳な「ポリコレ・アウト」となっているのである。

いったんこうなってしまえば、多くの人々は、他人と話をしているところではポリコレにさえ従っていたほうが楽になってしまう。ポリコレに逆らったって、人から白い目で見られ、アホ扱いされ、「我が儘で不道徳な奴」扱いされてしまうのがオチだからだ。

しかし――あらゆる客観的データや理性的理論は全て、少なくとも今の状況下で消費増税をやってしまえば日本経済は激しく疲弊し、挙句の果てに財政まで悪化してしまうことが百パーセント間違いないという実態を示している。つまり、今消費増税をしてしまえば、消費者が損をするだけでなく、日本経済が破壊され、政府の財政すら悪化してしまうのである。

つまり、今の消費増税は文字通り「**百害あって一利なし**」なのだ。

だから、我が身かわいさだけで「消費増税は必要だよね」なんて言って本当にそうなってしまえば、日本全体が激しい被害を受け、消費者も政府の財政も凄まじく傷ついてしまうのだ。

――こうした全体的な構図を認識した時、あなたはどうするだろうか？

**日本を救うために「消費増税はやっぱ必要だよねポリコレ」と闘うか、それとも我が身かわいさ**のために面倒を避け、日本が滅茶苦茶になってしまうことについて見て見ぬふりを決め込み、「**消費増税はやっぱ必要だよねポリコレ」につき従うか――？**

もちろん、ポリコレと闘うのはつらいし、ポリコレに刃向かっている奴なんて周りにほとんど誰もいないし、何と言っても自分が闘ったところでどうせ勝てそうにないんだから、ポリコレに戦いを挑むなんてアホだ――と思ってしまったとしても致し方ないように思える。

でもだからと言ってポリコレに従って生きていて、こんな人生に一体何の意味があるんだろう――という思いが心の中に一つも無い、と断定できる人など、一人もいないのではないだろうか――。

こんな心の葛藤（あるいは、ジレンマ）を乗り越えた存在こそ、「**高橋あさみ**」なのだ。

彼女は、まさに、そんなジレンマを乗り越え、ポリコレと戦うことを決意する。彼女の心の中にあるのは、この「ポリコレ」という敵と戦い勝つことができるという「確信」ではない。むしろ彼女はそんな確信など何一つないだろう。彼女が持っているのはただただこんなポリコレは「絶対におかしい」という「確信」だけなのだ。それは、おかしいものをおかしいと言い続ける勇気と言ってもいい。

彼女はその確信ゆえに、我が身かわいさの全てをさておき、どんな強力な敵が現れようが（そして、時に風邪を引こうが 笑）、ポリコレと戦い続ける。

彼女の前には、「消費増税はやっぱ必要だよねポリコレ」を身にまとった有力者や新聞社の社長やケイ団連の財界人達が襲いかかる。しかし、彼らはことごとく敗北していく。なぜなら彼らはただ単に「我が身かわいさ」ゆえに、ポリコレ棒を振り回しているだけの小心者に過ぎないからだ。そんなポリコレ棒は、勇気を湛えた高橋あさみが掲げる「真実」という剣に勝てるはずも無い。

そんな戦いを重ねるうちに、敵はどんどん強大化していく。学者のふりをしたエセ学者たち、日本の国を慮っているという体裁を取ってはいるものの単に力あるものに媚びを売るだけのエセ政治家、さらには鼻息荒く我こそは世界経済を救う牛耳っていると のIMFのグローバルエリートたち――しかし彼らも結局は「わが身可愛さ」だけがその言動の動機である以上、「勇気」と真実をつかみ取らんとする「知の力」を身にまとった高橋あさみには敗北せざるを得ないのだ。

そして最後に現れるのが、そんなポリコレを作り上げた張本人、「**財務省**」だ。

しかし、彼女はここでも決して負けはしない。

そもそも「財務省を支えた優秀な役人」の血と精神を引き継いだ高橋あさみ（**彼女は、歴史に残る優秀な財務官僚の娘だったのだ！**）に、「わが身かわいさ」以外の動機を何一つ持たない、現代財務省の小役人が勝てるはずもなかったのだ――。

ただし、そんな小役人でも、日本中の小心者どもの「わが身かわいさ」をかき集めれば強大な力を持つことができる。なぜなら、小心者大国ニッポンには、新聞、財界、学者、政治家、グローバリストたちの「姑息な卑しい精神」が蔓延しているのであり、それをかき集めれば、凄まじい破壊力を持つパワーを得ることができるからだ。

そうなれば、勇気と真実がそんな邪悪なパワーと戦うには、同じく日本中の人々の善意と勇気をかき集め、ドラゴンボールばりの「元気玉」をつくりあげなければならない――果たして現実の高橋あさみが作り上げた「元気玉」は、消費増税という途轍もない邪悪な存在に打ち勝つことができるのだろうか――。

同じく、我々、現実の現代日本人もまた、この高橋あさみがつくりあげたような「元気玉」をつくり、彼女が最後の最後に見出した「希望」を見出すことができるのだろうか？

もちろんその答えは、わたしたち一人ひとりが、高橋あさみのような「勇気」を持っているか否かにかかっている。

つまり、この不条理な消費増税問題を乗り越える何よりも大切な精神は、我が身かわいさを乗り越え、その上で「**ポリコレと闘う勇気**」だったのだ。

消費増税問題は日本の「国防」問題に直結する問題である。だからこそ、消費増税ポリコレと闘う「勇気」の大切さ、崇高さを的確に描いた本作品は、まさに今の日本にとって何よりも求められているものなのである。ついては是非、本書を読まれ、心を動かされた読者各位は本書を一人でも多くの仲間の日本人たちに広めていただきたいと――心から思う。

# 消費増税問題の基礎知識

## 消費増税の議論はまずは、「事実」を知ることから

「どうやら二〇一九年の秋に『消費増税』するらしいけど、嫌な話だよなぁ――。だけどやっぱ増税しなかったら、日本の財政がおかしくなっちゃうのかなぁ――。だったら、二％くらいなら増税もしょうがないのかも知れないなぁ――。」

大多数の国民の「消費増税」についての認識は今、おおよそこういうものではないかと思います。

しかし、いろいろな「客観的な状況」や「事実データ」を踏まえれば、

**「一〇％消費増税が日本経済を破壊する」**

ことは間違いない、ということがクッキリと浮かびあがってきます。

つまり消費税が「一〇％」に上がれば日本経済がメチャクチャ低迷し、国民の貧困化が進み、格差が拡大し、国力が大幅に凋落していくこと――そして挙げ句の果てには「財政」**それ自身がかえって「悪化」してしまう**ことは残念ながら、ほとんど避けられそうにないのです。

ですから、**「消費増税など不条理なものなのだ」という事実認識**がすべての出発点です。

ついてはまず、「消費増税問題の基礎知識」そして、**「事実情報」を可能な限りかみ砕いてわかりやすく解説**したいと思います。

まず最初に大切なのは、次の二点です。

**一、過去の消費増税で、日本人はエラク「貧困」化した。**
**二、今度の一〇％増税で、日本はさらにヒドクなる。**

この「二点」があるからこそ、「消費増税の凍結」が今何よりも求められているわけです。ついては、ここではこの二点に絞って簡潔に紹介したいと思います。

## 第一点 過去の消費増税で、日本人はエラク「貧困」化した！消費増税で、所得が減った

当たり前ですが、私たちは皆、お金を「稼ぎ」ながら生きています。「稼ぎ」、つまり「所得」が多ければ豊かになりますし、減れば貧乏になります。

日本人は戦後一貫して「所得」を増やして、裕福になってきました。しかしそれはあくまでも、一九九七年に消費税を三％から五％に増税する「まで」の話。

増税以降、私たちは裕福になるどころか、ますます「貧乏」になっています。

**図1**をご覧ください。

これは、「ＧＤＰ」（国内総生産）という数字ですが、これは要するに一年間の**日本のすべての経済主体の所得の合計値**。それは私たちの経済的な「豊かさ」を意味しているものです。

ご覧のように「ＧＤＰ」は、一九九七年の消費増税まで一貫して増加し続けていたのに、一九九七年の増税を境に徐々に減少しています。これは、**一九九七年の消費増税の後、私たちは貧困化していった**ことを示しています。

**図2**には、そのことがよりストレートに表れています。

これは一世帯当たりの平均年収の推移のグラフですが、ご覧のように、一九九七年に消費増税が行われてから、激しく下落しています。増税直前と比べるなら、**私たちの平均年収は消費増税後に約一三〇万円も減ってしまった**のです。

**図1　日本の名目GDPの推移**

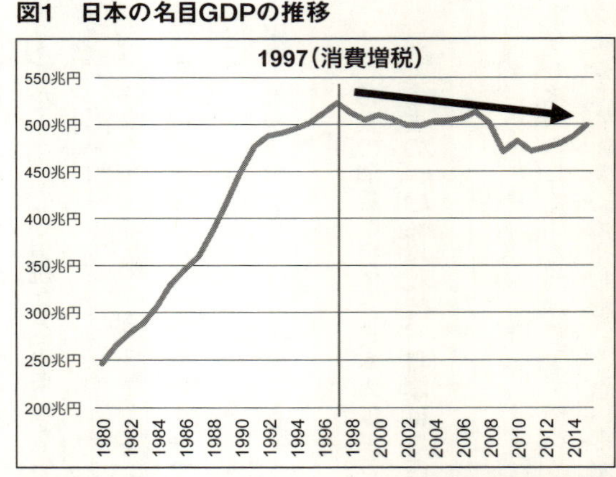


出典：藤井聡著『「10％消費税」が日本経済を破壊する』

『「10％消費税」が日本経済を破壊する』（藤井聡著、晶文社）
＊10％消費増税が日本経済を破壊すること、そして増税凍結のための具体的対策を論じた書籍。

### 消費増税で、「消費」が減って、企業やお店の「売上」が減った

なぜ、消費増税は、私たちの「所得」をここまで激しく下落させたのでしょうか。

それは、私たちの「所得」がどこから来るのかを考えればわかります。

そもそも、**私たちの「所得」は、会社やお店の「売上」から来ています。**自分が勤めている会社やお店が儲かれば、ボーナスや給料が上がって、所得が増えていきます。

では、会社やお店の「売上」はどこから来ているのかというと、それはもちろん「お客さん」。「お客さん」がたくさんのオカネを払ったら、つまり**「お客さん」がたくさん「消費」してくれたら、その会社やお店の「売り上げ」は増えます。**

ところが、「消費税」という税金は、お客さんがオカネを払う（＝消費する）たびに払わないといけないもの。**だから当然、「消費税率」が高いほど、お客さんの消費により強い「ブレーキ」がかかってしまいます。**

つまり、**消費税は、消費に対する「罰金」として機能してしまうのです。**

だから必然的に、**消費増税によって人々は消費を減らすのであり、**その結果、**会社やお店の「儲け」は減ってしまう**のです。

ちなみに日本人が今、客として支払っているオカネの合計値、つまり、**「消費」の合計値は、約三〇〇兆円。**

要するにこれは、**国民一人当たり平均、年間で二四〇万円ほど、消費にお金を使っている、**ということです。

そしてこれが消費税を増やすと減ってしまうのです。そのことは**図3**を見れば、ハッキリとわかります。

**図2　「1世帯当たりの平均所得金額」の推移**

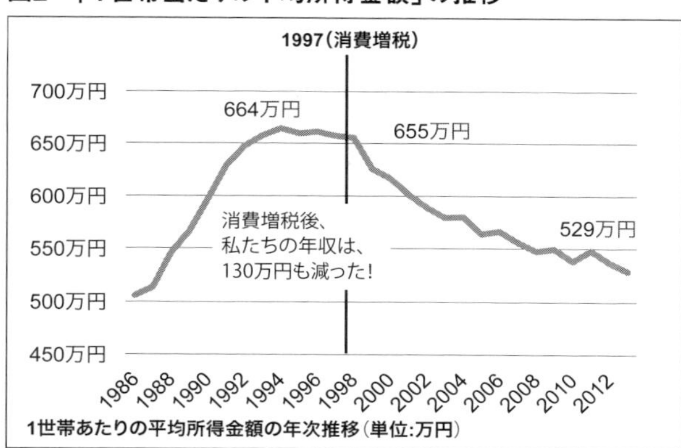


＊1997年は、消費増税の年次である。
出典:『「10%消費税」が日本経済を破壊する』

**図3　「消費」の名目GDPの「前年からの増加量」の推移**

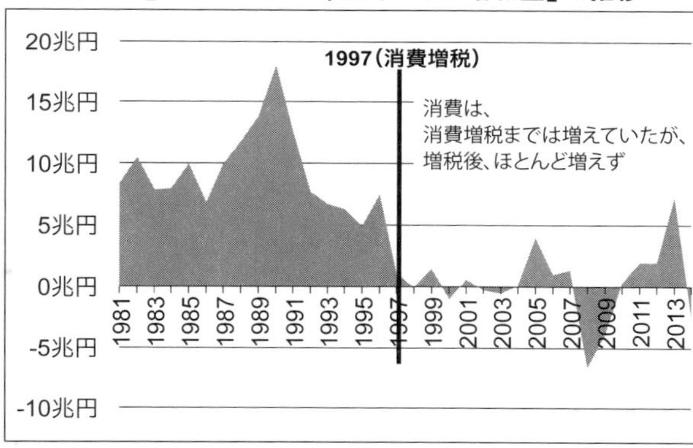


出典:『「10%消費税」が日本経済を破壊する』

この図はそれぞれの年に、前の年から消費がどれくらい増減したのか、を示しています。ご覧のように、一九九七年の消費増税までは、前年度から五兆円から、多い時で一五兆円以上も増えていたのですが、増税以後、その増加はぱたりと止まってしまい、ほとんど増えなくなっています（〇兆円近辺を推移している様子がお分かりいただけると思います）。

以上の議論はつまり、

**(一) 消費税を増税すると、「消費」が減る。**
**(二) その結果、企業・お店の「売上」が減る。**
**(三) そのあおりを受けて、私たちの「所得」が減ってしまう。**

ということを意味しています。

ちなみに、二〇一四年の八％への増税の時にも、まったく同じことが起こりました。

**図4**に示したように、私たちの消費は増税からの三年間で実に三四万円も減ってしまったのです（一月に着目した場合の世帯の年率）。これは、消費総額の実に九％。つまり私たちは一割近くもの水準で、**消費増税のせいでモノが買えなくなってしまったのであり、「貧しく」なってしまったの**です。

そしてその帰結として、**図5**に示したように、**私たちの給**

**図4　消費増税前後の、各世帯の消費支出額の推移**

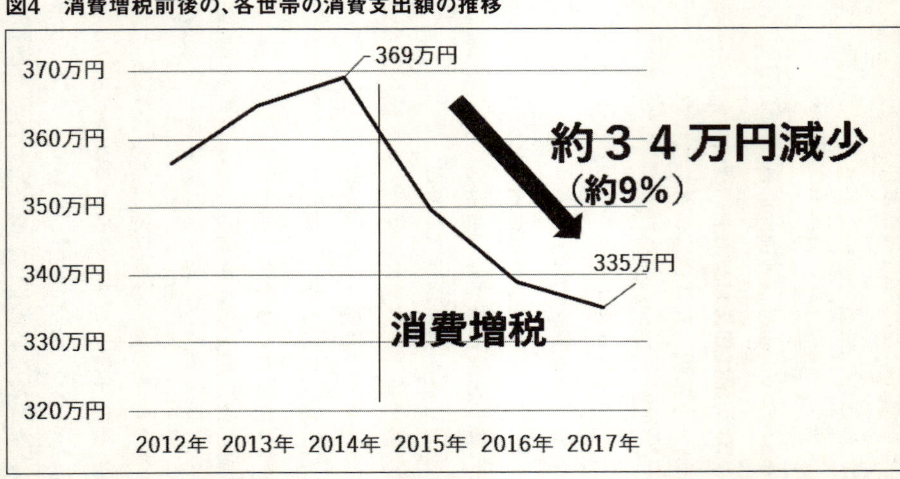


＊総務省統計「一世帯一カ月間の支出（二人以上の世帯）」の各年の「1月」の名目消費支出総額を、同月の消費者物価指数（2017年1月基準）を用いて求めた実質値に基づいて12カ月分の消費に調整した数値。
出典：『「10％消費税」が日本経済を破壊する』

**図5　決まって支給する給与（実質値）**

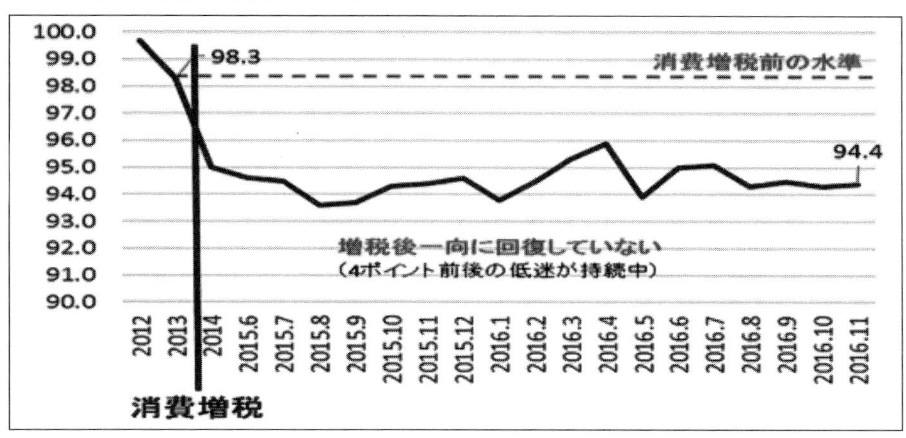


＊事業規模5人以上の企業の給与、2010年平均を100として規準化。
出典:『「10%消費税」が日本経済を破壊する』

料も低迷したままとなりました。

## 消費税のせいで、日本は国全体が「貧困化」した

このように、九七年の「五％増税」、一四年の「八％増税」はともに、**私たちの消費を減らし、所得を減らし、「貧困化」させてしまった**のです。

ただし、消費増税で貧困化したのは個々の世帯だけではありません。

**消費税は、日本の「国全体」も「貧困化」させたのです。**

**図6**をご覧ください。これは、世界各国の国・地域のGDPの推移。GDPとは先ほども紹介しましたが、それぞれの国・地域の人々の「所得の合計値」で「経済的な豊かさ」を意味しています。

ご覧のように、世界中、過去三十年間、成長し続けています。つまり世界中の人々が、過去三十年の間、一貫して「豊かになり続けてきた」わけです。

ところが、我が国日本だけが、**消費増税以後**、成長をピタリと止めました（というよりむしろ、我々だけが徐々に**衰退**し始めました）。

結果、**図7**に示したように、日本経済の世界におけるシェア（割合）、つまり「重要性」が著しく低下していきました（こ

図6　世界各国の名目GDP
（ドル建て）の推移

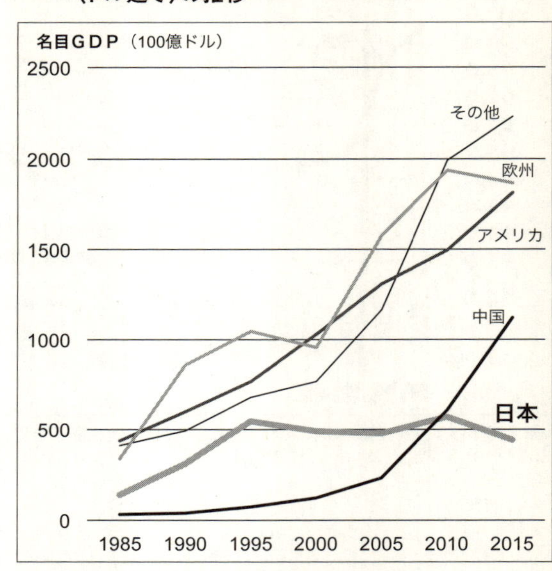


出典:『「10%消費税」が日本経済を破壊する』

図7　世界各国のGDPシェア
（ドル建て）の推移

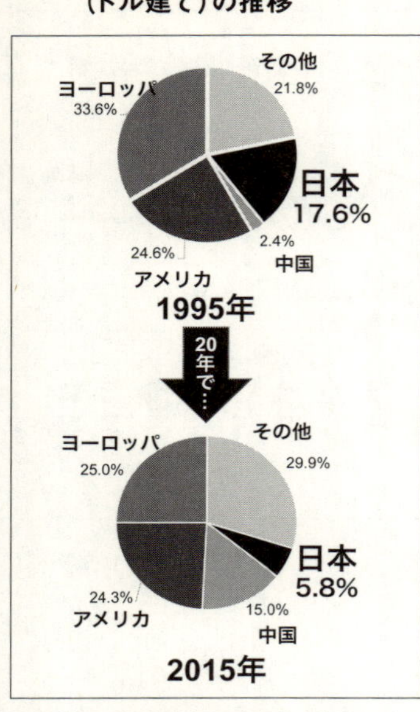


出典:『「10%消費税」が日本経済を破壊する』

の図は、世界全体のトータルの所得に占める、日本の所得＝ＧＤＰの割合＝シェアを示しています）。増税前には、日本人の総所得は世界経済の約二割もの水準を誇っていたのですが、増税によって成長が止まったせいで、今や実に五％台にまで、そのシェアが凋落したのです。

一方で、中国のシェアはかつての日本と同程度にまで拡大しています。つまり、かつての日本経済が占めていた地位が、中国に完全に取って代わられたのです。

だから今日のような**日中逆転現象は、「消費増税」さえなければ生じなかった**わけです。

つまり消費増税は、我々一人一人を貧困化させただけでなく、日本の国力それ自体を凋落させ、中国との競争において完全なる「敗北」をもたらしたのです。

## 第二点

## 今度の一〇％増税で、日本はさらにヒドくなる！

以上は、過去二度の消費増税の「破壊的なインパクト」についてのお話でした。

ですが、今度の一〇％増税はどんな結果をもたらすのかといえば——間違いなく**日本経済はさらにヒドくなります。**

## そもそも、「デフレ」状況下での消費増税はあり得ない

ヨーロッパの国々は、日本の消費税率よりも高い割合の間接税を導入しています。二〇%や二五%もの税金を、消費に対して課しています。だから、日本の消費税もせめて一〇%くらいにするのは当たり前——というのが、「増税推進派」の皆さんが異口同音に主張するお話です。

しかし、**彼らが見過ごしているのは、今の日本は「デフレ状況にある」**ということ。

そもそも「デフレ」（あるいは、正式にはデフレーション）というのは、第一点で紹介したように、**消費が減り、物価が下がり、ビジネスの売り上げが減り、それらを通してさらに私たちの賃金が減り、その結果、皆がカネを使わなくなってさらに消費が減り、物価が下がり——という悪循環が生じている経済状況**をいいます。

そもそもそんな経済状況になってしまったのは九七年に五%へと消費増税を行ったから。当時、九〇年の「バブル崩壊」によって、日本経済が激しく傷つき、経済的な基礎体力が著しく失われていた時期だったわけですが、そんな状況で消費増税をして、国民の「消費」が減ってしまったのです。結果、日本企業は軒並み、大打撃を受け、給料が減り——という**デフレの悪循環**（一般に、デフレスパイラルと呼ばれます）に陥ったのでした。

だから、バブル崩壊などで**経済の具合が悪い時に消費税を増税してしまうと、その経済はデフレという「病気」を発症し、悪化させてしまう**のです。それは風邪をひきかけている時に無理をすると「本格的な風邪」になり、そこでさらに無理をすると、**「重篤な肺炎」**になる——というような話です。

事実、八九年の消費税導入時には、まだ日本経済はバブル崩壊「前」の「元気」な状況だったので、デフレ化は避けられました。ですが、バブル崩壊「後」の九七年の増税の時には、デフレ化してしまったのです。そして一四年の増税によって私たちの消費や所得は大きく下落していくこととなったのです。

そして今我が国はまだまだ「デフレ」と呼ばれる、経済の具合の悪い状況から脱却していないのです。だからこんな**デフレ下での一〇%消費増税は、日本経済に破壊的なダメージ**をもたらすのは、火を見るよりも明らかなのです。

## 「オリンピック終焉／残業代カット／世界経済の不調」というトリプルパンチ下での「消費増税」という悪夢

しかもよくよく考えると、今度の増税は前回よりもさらに

**激しい、深刻なダメージをもたらす**ことになります。理由はいくつもあります。

まず何といっても、**消費増税の直後の二〇二〇年には、東京五輪が終わります。**五輪が終わると、「それだけ」でその国の経済は落ち込むということが、世界中で何度も繰り返されてきました。だからそんな「東京五輪の終焉不況」と時期がぴたりと重なる今度の増税は、**最悪**なのです。

しかも政府は、二〇一九年に「働き方改革」を行おうとしています。この改革は大幅な「**残業代カット**」を含みます。結果、私たちの所得が減ってしまうことは避けられません。ある民間シンクタンクは、この改革で**最悪八兆円規模で、労働者の所得が縮小する**であろうと指摘しています（それは労働者一人当たり、平均で年約一五万円（！）も給料が減ることを意味します）。八兆円の所得減といえば、**「三％」の消費増税を行った時のインパクトに匹敵するものです。**

さらには二〇一四年以後、アメリカを含む世界経済が好調だったことから、輸出が「一五兆円」も拡大していました。結果、八％への増税の「インパクト」が和らげられ、日本経済が奈落の底に叩き落とされることが回避されました。

しかし、今、世界経済の先行きは極めて不透明です。米中貿易戦争が激化し、アメリカも金利を上げる政策を打っています（そうなると、アメリカの好景気に冷や水が浴びせられるのです）。しかもアメリカは日本に輸出を減らせという圧力を圧倒的に高めています。さらには、二〇一八年には二月と十月の二度にわたって、株価が急激に大きく下落する「事件」が起こっています。これはいうまでもなく、いつ何時、リーマンショックに準ずるような世界同時不況が起こるかわからない状況にある、ということを示しています。

だから**一九年には、一四年の時にあった「輸出が増える」というサポートが全然ない**だろうことはほぼ確実なのです。それよりも**むしろ逆に「輸出が減る」**という最悪の状況下での増税となる可能性すら考えられるわけです。

つまり、今度の増税は、

**(一) オリンピック特需の終焉**
**(二) 働き方改革による残業代の大幅カット**
**(三) 輸出が増えないどころか、減っていく**

という「**トリプルパンチ**」と同時に行われるという「**最悪中の最悪**」のものなのです。

そもそも先にも指摘したように、**「デフレ下での消費増税」など**「**論外**」なわけですが、それに加えてまさに「**日本経済へのトリプルパンチ**」があることがわかりながら消費増税がなされようとしているのです。だから今度の増税は「**論外中の論外**」といわざるを得ないものなのです。

## 「一〇%」という消費税率の「分かりやすさ」が被害をさらに拡大する

以上だけでも、一九年の消費増税は「めまい」がするほどに恐ろしいダメージをもたらすことが考えられるわけですが、そのダメージを**さらにさらに「極大化」**させてしまう**決定的な理由**があります。

それが、**「一〇%」という、至ってキリの良い数字**です。

消費税が八%の場合、税額がいくらになるのかを計算するのは、多くの消費者にとってややこしいもの。ところが「一〇%」の場合、話は別。「一〇%」ならば、どんな値段でも、誰もがいとも容易く税額を計算できます（例えば、七八八〇円の八%の計算はややこしいですが、一〇%ならすぐに「七八八円」と計算できてしまいます）。

この**「税額の計算の簡単さ」が、人々の消費行動に大きなブレーキをかける**のです。

そもそも、消費税がいくらなのか曖昧な状況では、消費税の心理的インパクトも限定的であることが、これまでの心理学の研究でも明らかにされています。いくらかわからないので、多くの人が買い物の時に**消費税を「軽視」ないしは「無視」してしまう**からです。

ところが「一〇%」になると、誰でもすぐに税額が計算できてしまいます。だから、万人が、買い物の時に逐一「消費税」のことを意識し、考え、考慮してしまうことになります。

その結果、**「一〇%」の消費税は、消費税の罰金効果（＝消費を冷え込ませる効果）が格段に大きくなる**のです！

実際、京都大学で行った「増税に対する反応」を測定するための心理実験の結果から、**前回の二〇一四年の八%への増税より、今度の一〇%への増税の方が、「消費に対する罰金効果」は、一・四二倍にまで拡大するであろう**ことが実証的に明らかにされています（**図8**をご参照ください）。

この点を踏まえるだけでも、一〇%増税が日本経済に「悪夢」をもたらすことがクッキリと浮かびあがってくるのです。

**図8　2014年増税（5→8%増税）と2019年増税**

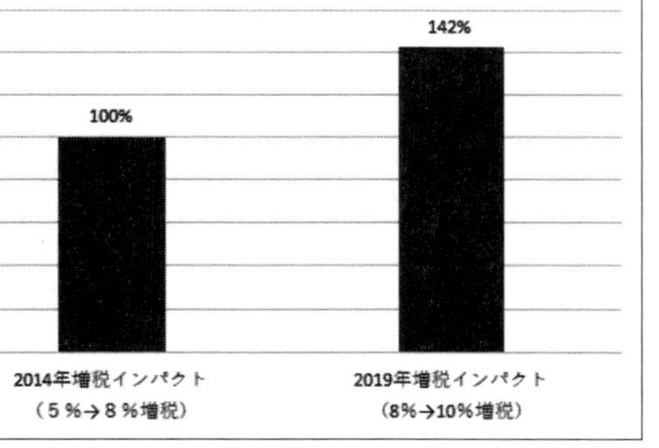


（8→10%増税）による消費への心理的インパクト
（*2014年増税による値で基準化した場合）
出典:『「10%消費税」が日本経済を破壊する』

## 判断までの時間は限られている

このように、二〇一九年の消費増税はすさまじく破壊的なインパクトを日本経済に与え、**日本の「貧困化」をもたらすことは、世帯の次元でも国家の次元でも決定的なのです。**

もちろん、政府は消費増税のインパクト対策のための、対策を講ずる方針であるとはいわれていますが、今度の増税のインパクトの激甚なる想定被害を鑑みれば、（それが**一五兆円の補正予算を五年連続継続**する、というような巨大な規模でない限り）どれだけ対策を講じてもその被害を食い止めることなど絶望的に困難です。

繰り返しとなりますが、最後に消費増税をやってはいけない理由を、ここで簡潔にとりまとめておきましょう。

**（一）かんばしくない経済状況での消費増税は、日本人を激しく貧困化させる。実際、過去の二度にわたる増税は、日本をデフレに叩き落とし、深刻化させてきた。**

**（二）しかも、次の一〇％増税は最悪のタイミングで行われる。オリンピックが終わり、残業代がカットされ、世界経済が下り坂状況での増税となる、というトリプルパンチ下での増税となる。**

**（三）しかもしかも、「一〇％」というキリの良い数字への増税は、増税インパクトを極大化させる。実際、心理実験からも、前回の八％増税よりも、トータルのインパクトは大きくなることが示されている。**

これだけの論拠がある以上、少なくとも現時点の経済状況の下では、国民をおもんぱかる理性ある者ならば誰もが、

**「消費増税を凍結せよ！」**

と主張する他ないのではないか――というのが、結論です。

もちろん、「増税しなければ財政が危ないんじゃないか」という懸念の声もあるでしょう。

しかし、経済が低迷すれば、税収が下がって、かえって財政は悪化するのです。実際、日本の財政は、九七年の消費増税の「直後」から、悪化したのが紛うことなき事実でした。

**図9**をご覧ください。

これは、政府の「赤字国債」の発行額、つまり（新たな）「借金」の推移。ご覧のように、九七年の増税前の（新たな）「借金」は年三兆円程度だったのに、増税によって景気が大幅に悪化して以来、（新たな）「借金」は年二〇兆円規模で一気に拡大

したのです。

これはまさに、借金を減らすためのものだった消費増税が、かえって借金を増やしてしまったという、愚か極まりない顚末（てんまつ）――。この教訓を踏まえるなら、「日本の貧困化」はいうに及ばず、「財政の悪化」を食い止めるためにこそ「消費増税の凍結」が必要です。にもかかわらず、万が一にも我が国が本当に一〇%消費増税を断行し、激しく「緊縮財政」（税率を上げ、支出を抑制する政府の財政の方針）を加速してしまうと

**図9　「赤字国債発行額」＝「毎年毎年の政府の借金」の推移**

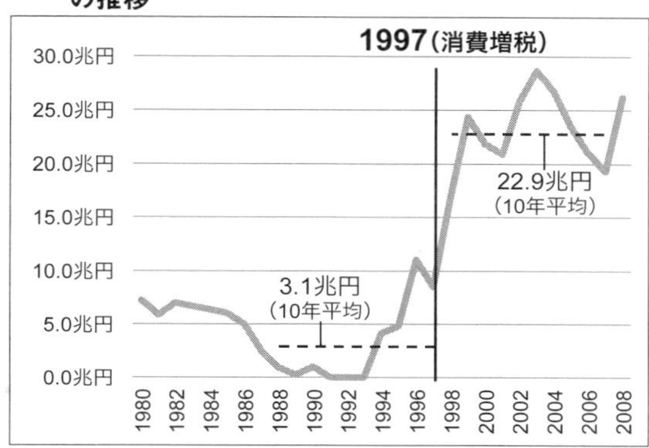


＊1997年の消費増税後、景気が悪化し、税収が大幅に低下。その結果、政府は、赤字国債の発行額を約20兆円も拡大することになったのです。
出典:『「10%消費税」が日本経済を破壊する』

するなら、現代の私たちは後世の心ある日本人たちに激しく糾弾されてしまうことはもう、不可避となるでしょう――。

ここまで事実が明らかになっている以上、我が国は今、惰性とイメージだけでものごとを決めてしまう愚かな国なのか、それとも、事実を見据えながら理性的な判断ができる最低限の賢明さを携えた国なのかが、問われる局面に立ち至っている――といわねばなりません。

いずれにせよ、消費増税延期の判断まで、時間は限られています。

既に明らかになっている消費増税をめぐる数々の「事実」を踏まえた理性的な世論が喚起され、消費増税に直接間接にかかわる人々の政治的判断が理性的なものとならんことを、心から祈念したいと思います。

（本論文は啓文社書房刊の雑誌「別冊クライテリオン　消費増税を凍結せよ」（２０１８年11月14日刊行）から編集部のご厚意で転載させていただきました。消費増税の問題点をわかりやすく解説しています）。

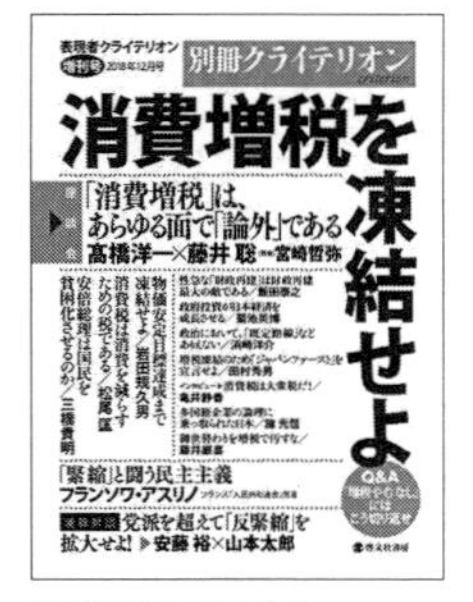


「別冊クライテリオン
消費増税を凍結せよ」
（2018年11月14日
啓文社書房刊行）

著者略歴

## 消費増税反対 botちゃん

消費税増税がものすごく悪い影響があるっていうのを聞いて、2019年2月中旬から50冊以上の消費増税に関する本を読み、すぐに漫画を書き始めました。今までは正直、まったくの経済オンチでしたww
昨年までは消費増税が変わることはないだろうという諦めムードだったけど「今の自分でできることはないだろうか」と考え、消費増税反論マンガを描いて一般の人たちにわかりやすく伝えたら世の中が少しは変わるのではないかなと思いました。
多くの皆さんも実は主義主張・右左関係なく今の時期に増税はしてはいけないと潜在的に思っているはず。でも「何が間違っていて何を知ったらいいんだろう？」という一番大事な部分を知る機会がないから増税OKのムードに流されているのだと思う。いや、知っているはずの常識こそ、増税派の長期的なプロパガンダ情報なのかもしれません。
このマンガでは最新のデータや資料に基づいて全8話、いろいろな視点で消費増税の問題点を描いています。多くの人が消費増税は問題があるのだと気付いて、Twitter や YouTube、SNS でつぶやいてくれれば何かが変わるのでは！！と信じてこの作品を創りました。YouTube マンガ、英語版も絶賛無料配信中です。下記ツイッター是非フォローしてくださ〜い。
消費増税反対 bot ちゃん公式 Twitter アカウント
https://twitter.com/bot80586891

解説者プロフィール

## 藤井聡（ふじい・さとし）

1968年奈良県生まれ。京都大学大学院教授(都市社会工学専攻)。京都大学大学院工学研究科修了。東京工業大学教授、イエテボリ大学心理学科客員研究員等を経て、現職。第2次安倍内閣で内閣官房参与(防災・減災ニューディール担当)を務めた。専門は公共政策に関わる実践的人文社会科学。03年に土木学会論文賞、05年に日本行動計量学会林知己夫賞、07年に文部科学大臣表彰・若手科学者賞、09年に日本社会心理学会奨励論文賞および日本学術振興会賞などを受賞。著書には『コンプライアンスが日本を潰す』(扶桑社新書)、『強靭化の思想』、『プライマリー・バランス亡国論』(共に育鵬社)、『「10% 消費税」が日本経済を破壊する』(晶文社)など多数。


# マンガでわかる　こんなに危ない!?　消費増税

2019年7月10日　第1版発行
2019年10月1日　第6版発行

著　者　消費増税反対 botちゃん
解　説　藤井 聡
発行人　唐津 隆
発行所　株式会社ビジネス社
〒162-0805　東京都新宿区矢来町114番地　神楽坂高橋ビル5階
電話　03(5227)1602（代表）
FAX　03(5227)1603
http://www.business-sha.co.jp

印刷・製本　株式会社光邦
カバーデザイン・本文組版　茂呂田剛（エムアンドケイ）
営業担当　山口健志
編集担当　漆原亮太（啓文社）





ISBN978-4-8284-2118-6